ドラゴンドリル
DRAGON WORKBOOK●●●●●●

JN048027

のまさ

大昔、地球には強い力をもった
ドラゴンたちが生きていた。
しかしあるとき、ドラゴンたちは
ばらばらにされ、ふういんされてしまった…。
ドラゴンドリルは、
ドラゴンを ふたたび よみがえらせるための
アイテムである。

ここには、じゃあくなパワーをもつ
6ぴきの「まりゅう族」のドラゴンが
ふういんされているぞ。

ぼくのなかまを
ふっかつさせて！
ドラゴンマスターに
なるのはキミだ！

なかまドラゴン
ドラコ

1

やみの中にひそむ　小おにドラゴン

アヤシリ

えに シールを はって、
ドラゴンを ふっかつさせよう！

タイプ：じめん

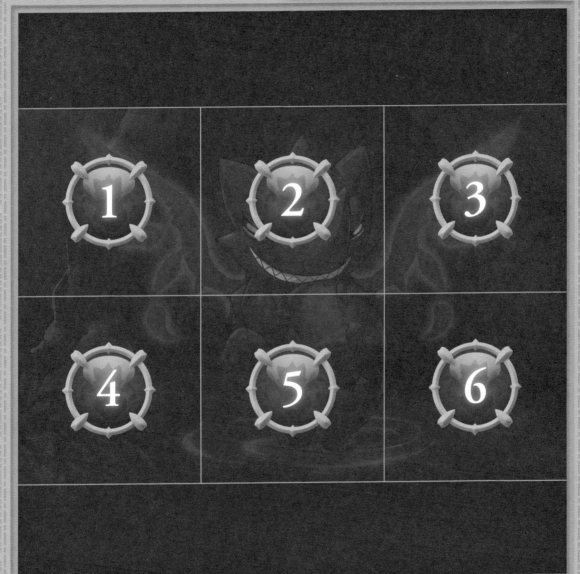

たいりょく	■■■□□□□□□
こうげき	■■■□□□□
ぼうぎょ	■■■■□□□
すばやさ	■■■□□□□

ひっさつわざ　邪心波（じゃしんは）

黄色い目から放つ光でてきを
あやつり、てきどうしでたた
かわせる。

ドラゴンずかん

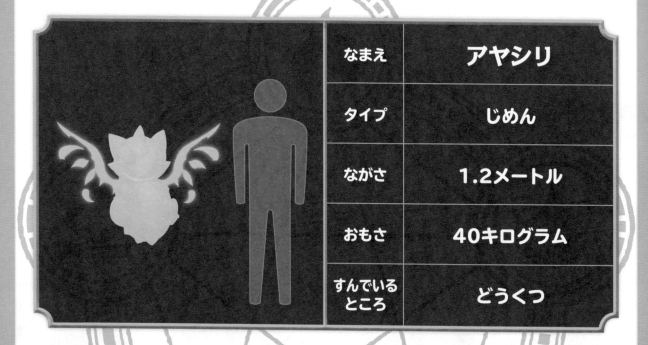

なまえ	**アヤシリ**
タイプ	じめん
ながさ	1.2メートル
おもさ	40キログラム
すんでいる ところ	どうくつ

やみの中にかくれてくらしている小おにドラゴン。いつもしっぽを丸めて、ういている。すがたをとうめいにすることができる。目から放つ光で人をあやつり、こんらんさせることがとくい。

2

やみを泳ぐ火えんドラゴン

ヤミズチ

タイプ：ほのお

えに シールを はって、
ドラゴンを ふっかつさせよう！

| 7 | 8 | 9 |
| 10 | 11 | 12 |

たいりょく	▨▨▨▨▨
こうげき	▨▨▨
ぼうぎょ	▨▨▨▨
すばやさ	▨▨▨▨▨

ひっさつ わざ **火炎獄**

せびれから、ほのおを出しな
がらてきのまわりをとび、ほ
のおのうずにとじこめる。

ドラゴンずかん

なまえ	ヤミズチ
タイプ	ほのお
ながさ	15メートル
おもさ	8トン
すんでいるところ	雲

長い体をもつ、やみのドラゴン。やさしいせいかくだが、一度おこるとせびれから出したほのおで、全身がつつまれる。東洋では神の使いとしてあがめられている。

3

空間をあやつるまじゅう

イツビコ

えに シールを はって、
ドラゴンを ふっかつさせよう！

タイプ：かぜ

| 13 | 14 | 15 |
| 16 | 17 | 18 |

たいりょく ▮▮▮▮▮▮▯▯▯▯

こうげき ▮▮▮▮▮▮▮▮▯▯

ぼうぎょ ▮▮▮▮▮▮▮▮▮▯

すばやさ ▮▮▮▮▮▮▮▮▮▮

ひっさつわざ 結界陣（けっかいじん）

エネルギーをもったしっぽで
バリアをえがき、その中にて
きをとじこめる。

ドラゴンずかん

なまえ	イツビコ
タイプ	かぜ
ながさ	16メートル
おもさ	15トン
すんでいる ところ	森

強力なパワーをひめた5本のしっぽをもつ。しっぽの先からエネルギーが出ており、しっぽを筆(ふで)のように使(つか)ってバリアをえがく。バリアにとじこめられたら、二度(にど)と出ることはできない。

レベル 4

全てをこわす き神
ゴズエン

タイプ：じめん・ほのお

えに シールを はって、
ドラゴンを ふっかつさせよう！

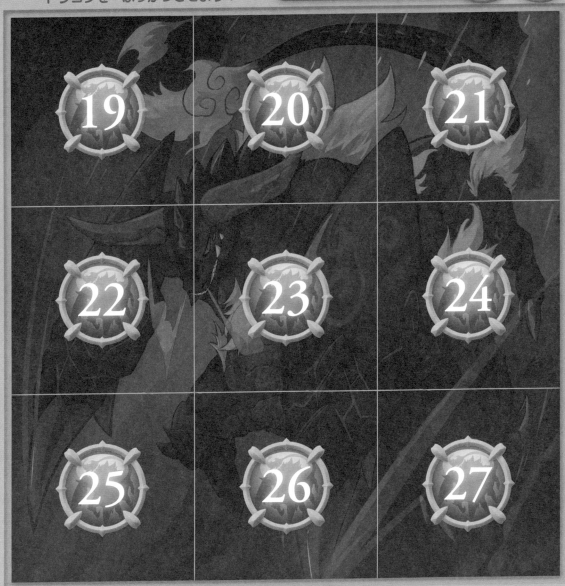

19	20	21
22	23	24
25	26	27

たいりょく ▮▮▮▮▮▮▮

こうげき ▮▮▮▮▮▮▮▮

ぼうぎょ ▮▮▮▮▮

すばやさ ▮▮▮▮▮▮

ひっさつわざ **覇王槌**

高くジャンプし、大きな両う
でに全体重をかけて、てきを
ふんさいする。

ドラゴンずかん

なまえ	ゴズエン
タイプ	じめん・ほのお
ながさ	26メートル
おもさ	65トン
すんでいる ところ	あれ地

牛のような頭、クモのような体、ヘビのような長いしっぽをもったドラゴン。大きな体ににあわず動きは速く、ゆだんしているとあっという間に近づかれ、強大な力でバラバラにされてしまう。

空をしはいする　美しいつばさ

ガルダラ

えに シールを はって、
ドラゴンを ふっかつさせよう！

タイプ：かみなり・かぜ

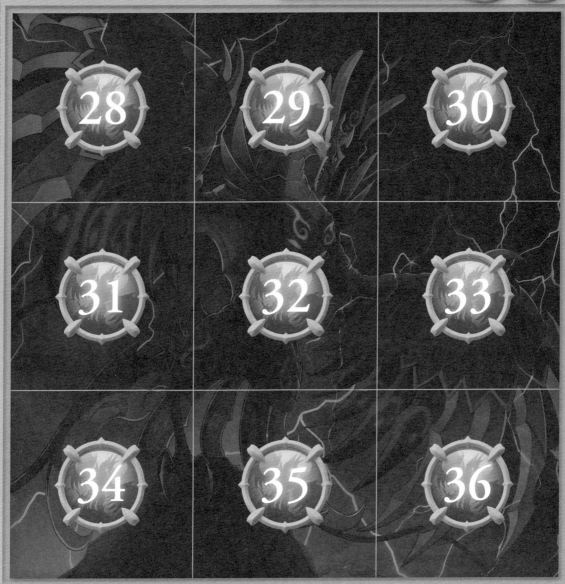

たいりょく	
こうげき	
ぼうぎょ	
すばやさ	

ひっさつわざ **虹迅雷**（こうじんらい）

大きなつばさからかみなりを
放（はな）ち、あたり一面（いちめん）をやけ野原
にする。

ドラゴンずかん

なまえ	ガルダラ
タイプ	かみなり・かぜ
ながさ	65メートル
おもさ	140トン
すんでいるところ	雲

ま界をとぶ鳥ドラゴン。雲から電気エネルギーをすいとって、自分の中にためこむ。かみなりを放ち、全てをはかいしながらとぶ。ガルダラが通った後には、やけ野原がのこる。

レベル 5

こんとんをもたらす　大いなる神^{かみ}

ジャタイザン

えに シールを はって、
ドラゴンを ふっかつさせよう！

タイプ：じめん・ほのお

37	38	39
40	41	42
43	44	45

たいりょく ▨▨▨▨▨▨▨▨▨▨

こうげき ▨▨▨▨▨▨▨▨▨▨

ぼうぎょ ▨▨▨▨▨▨▨▨▨▨

すばやさ ▨▨▨▨▨▨▨▨▨▨

ひっさつわざ **魔邪界**^{まじゃかい}

体から出すやみのオーラで、
まわりをま界^{かい}にかえてしまう。

ドラゴンずかん

なまえ	ジャタイザン
タイプ	じめん・ほのお
ながさ	110メートル
おもさ	400トン
すんでいる ところ	深海

山のような体と5本の首をもつドラゴン。世界の始まりのときから生きていて、自然に変化をもたらしたといわれている。体からやみのオーラを放ち、ま界を作った。

丁・区・県・都・州

答え 107 ページ

月　日

① 漢字の練習をしましょう。

丁
はねる
音 チョウ（テイ）
くん

2画　一丁

使い方　一丁目　包丁

区
とめる
おる
音 ク
くん

4画　一フ又区

使い方　区分け　地区

県
とめる
ある
音 ケン
くん

9画　一 冂 冂 冃 目 泪 県 県

使い方　県内　都道府県

都
二画で書く
けずる
音 ト（ツ）
くん みやこ

11画　一 十 土 耂 耂 者 者 者 者 者 都

使い方　都会　都合

州
むきにちゅうい
音 シュウ（ス）
くん はらう

6画　丶 丿 丬 州 州 州

使い方　九州　本州

3 □にあてはまる漢字を書きましょう。

① □□の温（おん）せんに行く。
（きゅうしゅう）

② □□に遊園地（ゆうえんち）ができる。
（けんない）

③ 友達（ともだち）の□□を聞く。
（いけん）

④ □□のスーパーで買い物（もの）をする。

⑤ 花だんを□□にわける。

ていねいに
書けたかな。

2 ——線の漢字（かんじ）の読（よ）みがなを書きましょう。

① 包丁（ほう　）（　　　　）

② 地区（　　　　）

③ 都道府県（　　　　）

④ 本州（　　　　）

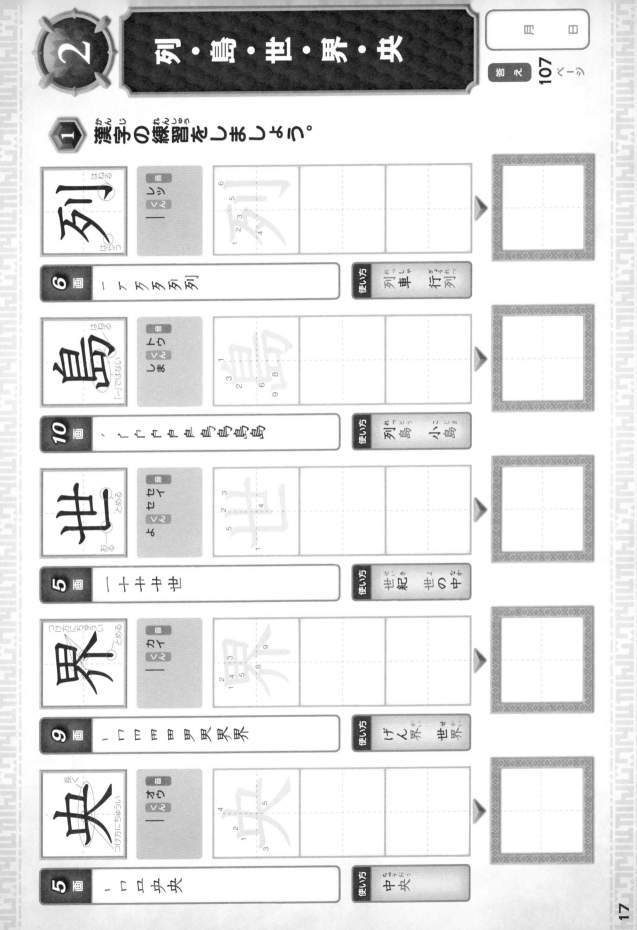

① 漢字の練習をしましょう。

列　しめる／はらう　音レツ　訓
6画　一ｱ歹歹歹列
使い方　列車　行列

島　しめる／「''」ではない　音シマ／しん　訓
10画　、ｱｲﾞ自自自自島島島
使い方　列島　小島

世　とめる／あを　音セ／セイ　訓よ
5画　一十卅卅世
使い方　世紀　世の中

界　音カイ　訓
9画　１口四田田男男界界
使い方　げん界　世界

央　長く／つき方にちゅうい　音オウ　訓
5画　１口央央
使い方　中央

アシッドモンスターで、どくを立ててけむりをふきつけている。いつもどくどくのけむりが体についている。この間にからだをちぢめる。

③ □にあてはまる漢字を書きましょう。

① 急行の□□に乗る。（れっしゃ）

② へやにすや□の中。（と）

③ ボートで□□まで行く。（しい）

④ 体力の□までダンスを練習する。（かい）

⑤ 花びんをテーブルの□□の上へおく。（ちゅうおう）

が毎日、コツコツ、がんばろう！

② ──線の漢字の読みがなを書きましょう。

③ 世界（　　　）
① 列島（　　　）

④ 中央（　　　）
② 二十世紀（　　　）

★二十世紀…一九〇一年から二〇〇〇年までの百年間。

3 病・院・薬・局・医

月　日

答え **107** ページ

① 漢字の練習をしましょう。

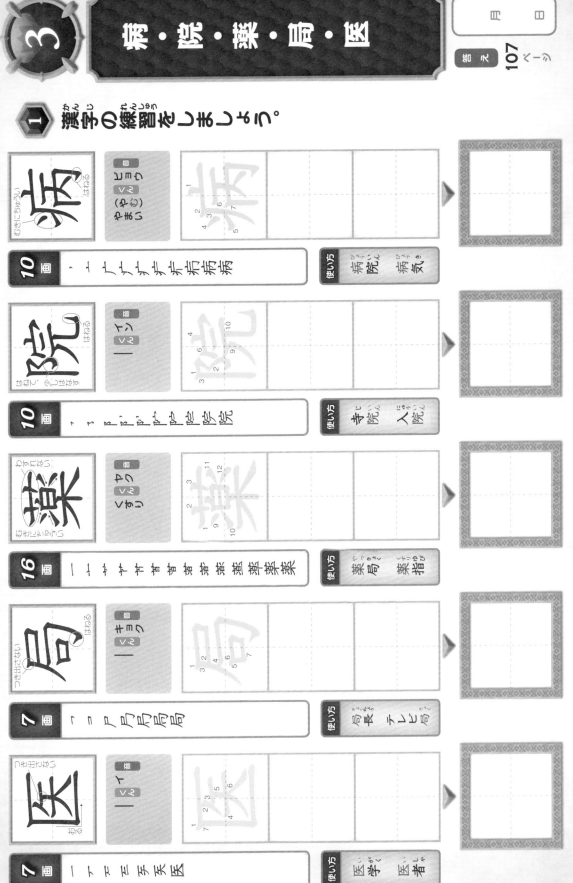

病
むずにちゅうい
はねる
ビョウ
ヘン
や(やむ)
やまい

10画　　`一　ナ　疒　疒　疒　疖　病　病`

使い方　病院　病気

院
はねる　少しはなす
はねる
イン
ヘン

10画　　`' 了 阝 阝 阡 阬 陀 院 院`

使い方　寺院　入院

薬
ながくながい
ヤク
ヘン
くすり

16画　　`一　十　卄　ヤ　芍　苗　苗　苗　逆　薄　蓮　薬　薬`

使い方　薬局　薬指

局
つき出さない
はねる
キョク
ヘン

7画　　`' ァ ア 尸 局 局 局`

使い方　局長　テレビ局

医
つき出さない
イ
ヘン

7画　　`一　ァ　互　至　乒　医`

使い方　医学　医者

19

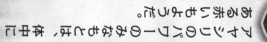

ドリルの
アジーの　からだの　中に
あるいしゃの　もとだよ。
赤いパワーの　もとだよ。

このドリルが
おわったら③の
シールをはろう！

3 □にあてはまる漢字を書きましょう。

① 医者を目指して勉強する。

② けがをしてびょういんに行く。

③ 食後にくすりを飲む。

④ テレビでびょういんを見学する。

⑤ 「やまい」は気から、とよくいわれる。

★「やまい」は、「びょうき」とよむこともありますが、「やまい」のよみかたでおぼえておくと、よいですね。

かきじゅんに　気をつけて　書けたかな。

2 ──線の漢字の読みがなを書きましょう。

① 病気　（　　　）

② 寺院　（　　　）
★ 寺院…てら。

③ 薬局　（　　　）

④ 医学　（　　　）

20

死・去・命・身・息

答え 107ページ

月　日

1 漢字の練習をしましょう。

死
上にはねる
右上から左下へ
音 シ
訓 しぬ
6画　一　フ　歹　歹　死
使い方　死亡　死にぎわ

去
長く
つける
音 コ・キョ
訓 さる
5画　一　十　土　去　去
使い方　去年　たち去る

命
はなす
はねる
音 メイ（ミョウ）
訓 いのち
8画　ノ　ヘ　ム　今　合　命　命
使い方　命令　命づな

身
つき出す
つき出す
音 シン
訓 み
7画　ノ　ウ　ケ　自　身　身　身
使い方　自身　身近か

息
せばめる
とめる
音 ソク
訓 いき
10画　ノ　ケ　ケ　自　自　自　息　息　息　息
使い方　休息　息ぬき

21

アンコウは、頭から出ている光る器官から赤い光を出し、えものをおびきよせる。

③ □にあてはまる漢字を書きましょう。

① 勉強の合間に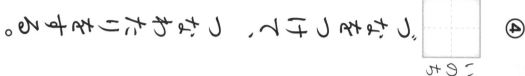ねむきをする。
　★ねむけ…ねむたくなること。

② 交通事じで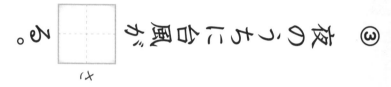ぬ人が多く。

③ 夜のうちに台風が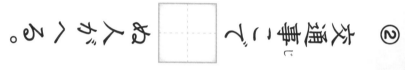さる。

④ 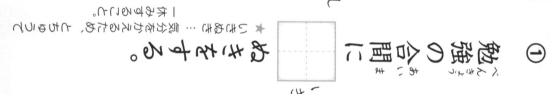いのちをかけて、人のために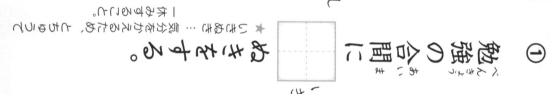をする。

⑤ みぢかな出来事を作文に書く。

② ――線の漢字の読みがなを書きましょう。

① 死去　★死去…死ぬこと。　（　　　　　）

② 命令　（　　　　　）

③ 自分自身　（　　　　　）

④ 休息　★休息…体を休めること。　（　　　　　）

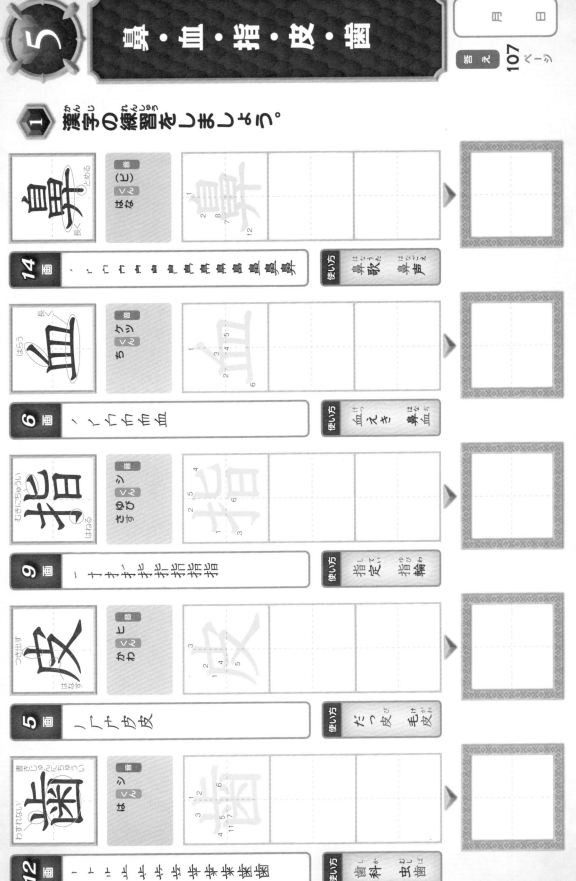

① 漢字の練習をしましょう。

鼻

（ヒ）
はな

14画
'、'ハ'门'自'自'鳥'島'畠'畠'畠'畠'鼻'鼻

使い方　鼻歌（はなうた）　鼻声（はなごえ）

血

ケツ
ち

6画
'、'ノ'勹'勺'血'血

使い方　血えき（けつえき）　鼻血（はなぢ）

指

シ
ゆび・さす

9画
一'十'扌'扌'扩'护'指'指'指

使い方　指定（していⅠ）　指輪（ゆびわ）

皮

ヒ
かわ

5画
'ノ'厂'广'皮'皮

使い方　だっ皮（だっぴ）　毛皮（けがわ）

歯

シ
は

12画
一'ト'ト'ナ'屮'屮'歩'歩'栄'歯'歯'歯

使い方　歯科（しか）　虫歯（むしば）

23

ドラゴンの
ひみつ

あやしいアイテムで、
自分がどうなるか
わからない。
できるかな…？

答えが⑤合ったら
シールをはろう！

3 □にあてはまる漢字を書きましょう。

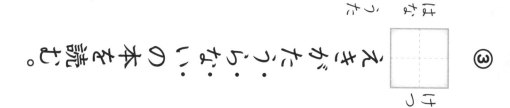

① 母がきれいなゆび輪をはめる。

② ねる前に□をみがく。

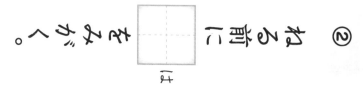

③ □えきがたら・・・なら!?の本を読む。

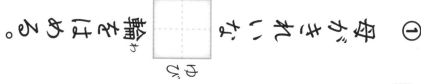

④ ★ □□をたつ。

ただしい
かんじで
つたえて

はなった・・・
はなった
はなった

⑤ 日焼けして□がむける。

---

2 ―線の漢字の読みがなを書きましょう。

① 鼻血（　　　　　）

② 指定（　　　　　）

③ 皮（　　　　　）

④ 歯科（　　　　　）

6 根・葉・実・緑・銀

月　日

答え 107ページ

❶ 漢字の練習をしましょう。

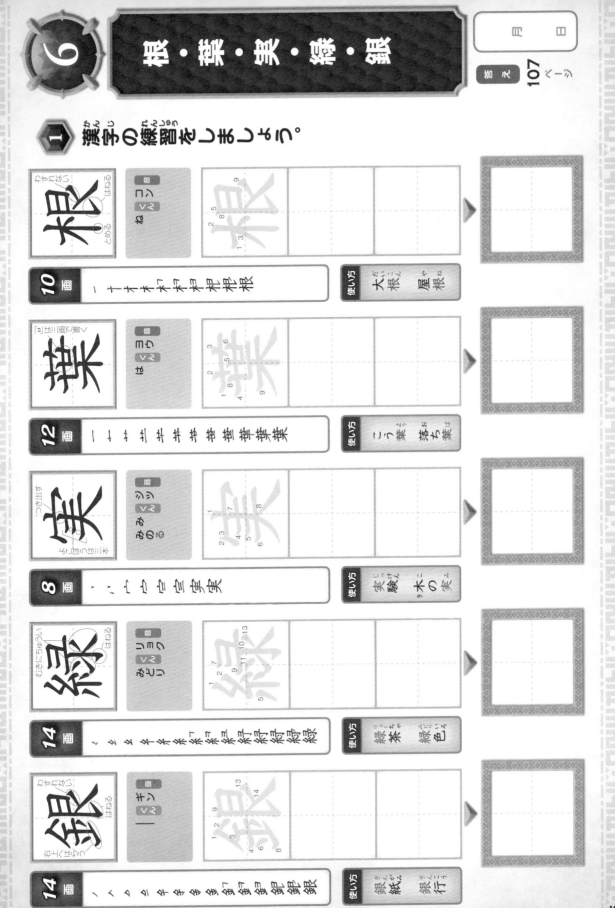

根
はねる
とめる
ね
音 コン

10画　一 十 オ 才 术 杠 杠 根 根 根

使い方　大根　屋根

葉
は
音 ヨウ

12画　一 十 十 艹 艹 荭 荭 莢 莢 葉 葉 葉

使い方　こう葉　落ち葉

実
みのる
音 ジツ
みつき出す

8画　一 宀 宀 宁 宇 宇 実 実

使い方　実験　木の実

緑
はねる
みどり
音 リョク
むきにちゅういい

14画　く 幺 幺 弁 糸 糸 紓 紓 紓 紓 綯 緑 緑 緑

使い方　緑茶　緑色

銀
はねる
ぎん
音 ギン

14画　ノ 个 个 牟 牟 余 金 金 金 釘 釘 鉭 銀 銀

使い方　銀紙　銀行

25

①〜⑥の答え合わせをしたら、シールをはろう！

３ □にあてはまる漢字を書きましょう。

① □□（みどりいろ）の こいぬ が ねている。

② 林の中で 木の □（み） を 拾う。

③ □□（ぎん…）で とし を おう。

④ ほうきで 落ち □（ば） を 集める。

⑤ 屋根（やね）の上に、一羽の鳥がとまる。

（吹き出し）植物の漢字を おぼえてね！

２ ──線の漢字の読みがなを書きましょう。

① 大根 （　　　　）

② 緑茶 （　　　　）

③ 実験（けん） （　　　　）

④ 銀行 （　　　　）

26

7 鉄・炭・波・湯・氷

 漢字の練習をしましょう。

  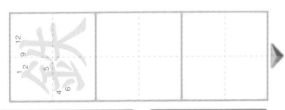 

鉄
せいれつ
右上をあける
テツ
くん

13画 ノ ト ヒ ヒ ヒ 牟 牟 金 金 針 鉄 鉄 鉄

使い方 鉄道 鉄ぼう

 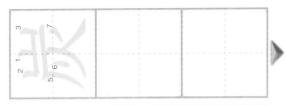 

炭
右はらい
音 スミ タン
すみ

9画 一 ー 屵 屵 芦 芦 芦 岸 炭

使い方 炭 炭火 飲料

 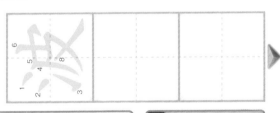 

波
つき出す
はらう
音 ハ なみ
くん

8画 丶 丶 氵 氵 沪 沪 波 波

使い方 電波 波間

 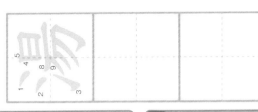 

湯
音 トウ ゆ
くん

12画 丶 丶 氵 氵 沪 沪 沪 沪 湯 湯 湯 湯

使い方 熱湯 湯気

  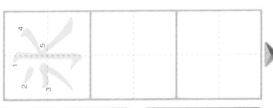 

氷
はねる
音 ヒョウ こおり
くん

5画 丨 刁 水 氷 氷

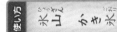
使い方 氷山 かき氷

ミネラルウォーターは、
地中の岩の中をながくとおって
たくわえられたものなんだよ。

③ □にあてはまる漢字を書きましょう。

① □で前回りをする。

② かきの□にロープをかける。

③ □でジュースをひやす。

④ わたしから□が立つ。

⑤ □に小船がうかぶ。

② ——線の漢字の読みがなを書きましょう。

① 炭 飲料 （　　　）

② 電波 （　　　）

③ 熱湯 （　　　）

④ 氷山 （　　　）

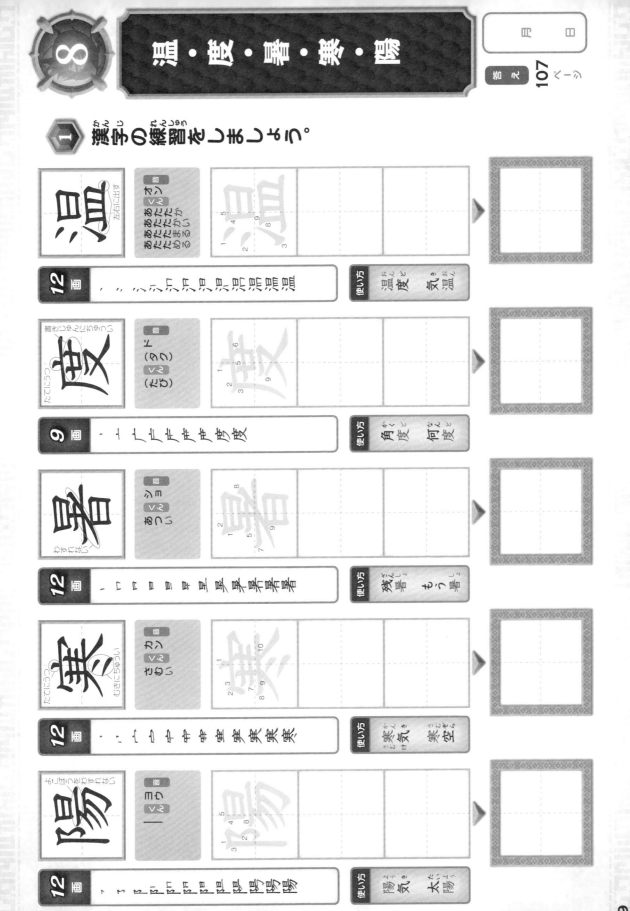

1　漢字の練習をしましょう。

温　12画　音 オン　訓 あたたか・あたたかい・あたためる・あたたまる
使い方　温度　気温

度　9画　音 ド（タク）（ト）　訓 たび
使い方　角度　何度

暑　12画　音 ショ　訓 あつい
使い方　残暑　もう暑し

寒　12画　音 カン　訓 さむい
使い方　寒気　寒空

陽　12画　音 ヨウ
使い方　陽気　太陽

あやしい
ひかり

ミミッチュは、ミステリーサークルのあたりから赤い光を立てて、そこらのものをあやつり出す。

③　□にあてはまる漢字を書きましょう。

① 同じ本を□□も読む。
　　（なん ど）

② むし□に夏の夜。
　　（あつ）

③ あたらしいスタンプを□める。
　　（あつ）

きれいに
書けたかな？

④ 音楽に合わせて□□に歌う。
　　（よう き）

★よう…ほがらかで明るい様子。

⑤ さ□□の下で遊ぶ。
　　（さ くら）

②　──線の漢字の読みがなを書きましょう。

① 温度（　　　）

② もう暑（　　　）
★暑…あつい。あせがでるくらい。

③ 寒気（　　　）

④ 太陽（　　　）

漢字のふく習①

1　——線の漢字の読みがなを書きましょう。

①　都へ行く。（　　　）
★ 都…その国のせいじの中心地。

②　氷を入れる。（　　　）

③　出血を止める。（　　　）

④　お湯をわかす。（　　　）

⑤　日本は島国だ。（　　　）

⑥　薬品を売る店。（　　　）

2　——線の漢字の読みがなを書きましょう。

①　{（　　　）か去と未来。
（　　　）去年

②　{（　　　）世話をやく。
（　　　）後世につたえる。
★ 後世…のちの、よの中。

ハリスチは自分の体が、まほう
からさめたらおおきくなってしまいました。
なおしたいのですが、体は
すこしずつ大きくなってしまいました。

ヒント！
⑨のせつめいを
答えから
さがしてね！

④ ——線のことばを、漢字と送りがな（　）に書きましょう。

② 水が<u>あたたまる</u>。
（　　　　　　　）

① りんごが<u>みのる</u>。
（　　　　　　　）

③ □にあてはまる漢字を書きましょう。

① □□をなおす。
（は　し）

② □□的に大雨がふる。
（ほん　かく）
★きへん…がわにちゅういしよう。

③ □□に気をつける。
（ば　しょ）

④ □□が五センチのびた。
（しん　ちょう）

10

飲・酒・豆・味・油

答え 108ページ

① 漢字の練習をしましょう。

	音 イン	訓 のむ

12画 ノ 𠂉 𠂊 今 今 今 食 食 食 飲 飲 飲

使い方 飲酒 飲み物

	音 シュ	訓 さけ・さか

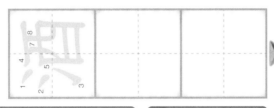

10画 丶 丶 氵 沂 沂 沂 沂 酒 酒 酒

使い方 日本酒 あま酒

	音 トウ・ズ	訓 まめ

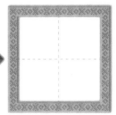

7画 一 一 戸 戸 戸 豆 豆

使い方 豆ふ えだ豆

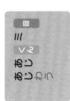

	音 ミ	訓 あじ・あじわう

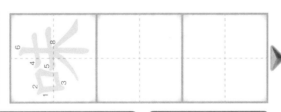

8画 丨 𦥑 口 口 □ 吀 味 味

使い方 意味 いち味

	音 ユ	訓 あぶら

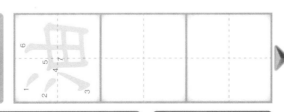

8画 丶 丶 氵 氵 沪 沛 油 油

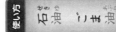

使い方 石油 ごま油

ドラゴンのひみつ

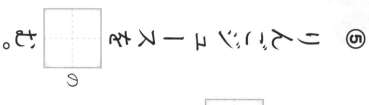

ヤマドラゴンはミミズにぜんぜん見えないほどのおなかをもつ。赤ドラゴンは全身が見える。

③ 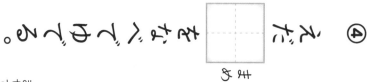 に あてはまる漢字を書きましょう。

① フライパンに □ を引く。

② いちばんの □ がまんをかむ。

③ 温かい □ あまを作る。
★あまけ……米のしるでつくったあまいのみ物。

④ えだ □ をまなべてゆる。

⑤ りんごジュース □ をのむ。

② ──線の漢字の読みがなを書きましょう。

① 飲酒 (　　　　)

② 豆 (　　　　)

③ 意味 (　　　　)

④ 石油 (　　　　)

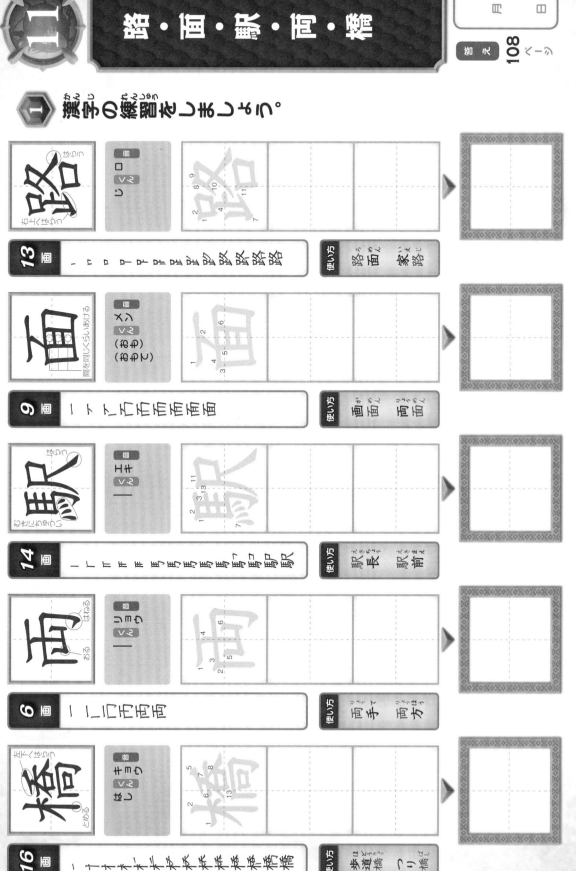

① 漢字の練習をしましょう。

路 せんろ
ちょくせんろ

音 ロ
訓 じ

13画 一 ⼝ ⼝ ⾜ ⾜ ⾜ ⾜ ⾜ ⾜ 路 路

使い方 路面 家路

面 音 メン
訓 (おも)(おもて)

画を同じくらいあける

9画 一 ⼂ ⼁ ⾯ ⾯ ⾯ ⾯ ⾯ ⾯

使い方 画面 両面

駅 はらう
みぎうちょう

音 エキ

14画 一 ⼂ ⾺ ⾺ ⾺ ⾺ ⾺ ⾺ ⾺ ⾺ ⾺ 駅 駅

使い方 駅長 駅前

両 はねる
おる

音 リョウ

6画 一 ⼁ ⼁ ⾞ ⾞ ⾞

使い方 両手 両方

橋 左下はらう
とめる

音 キョウ
訓 はし

16画 一 ⼗ ⼗ ⼗ ⼗ ⼗ ⼗ ⼗ ⼗ 橋 橋 橋 橋

使い方 歩道橋 つり橋

35

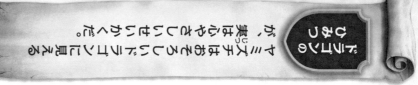

ひみつの

ヤモリは、家の中などで見られる。イモリは、水のある所で見られる。ヤモリもイモリも、見た目がにているが、べつの生きものだ。

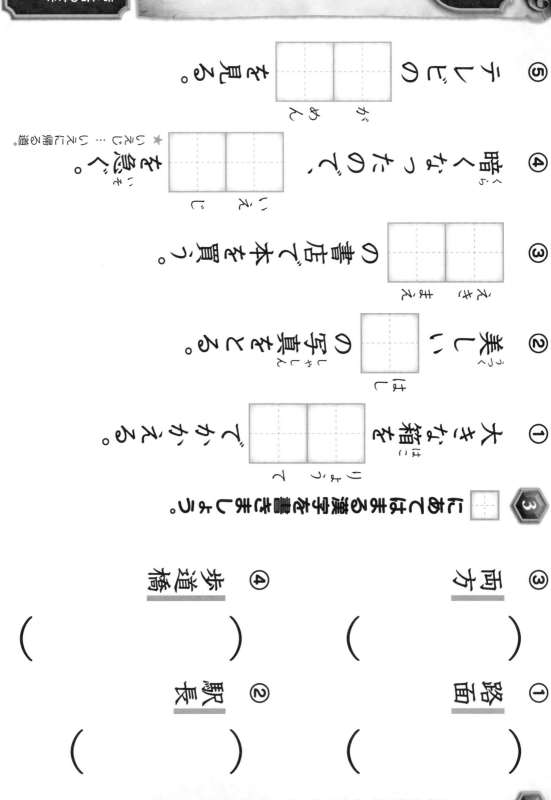

3 □にあてはまる漢字を書きましょう。

① 大きな箱を□□でつかえる。

② 美しい□の写真をとる。

③ □□の書店で本を買う。

④ 暗くなったので、□□を感じる。
　★「えだ…」「えだ道」っていえる道。

⑤ テレビの□□を見る。

2 ──線の漢字の読みがなを書きましょう。

③ 両方 （　　　）　　① 路面 （　　　）

④ 歩道橋 （　　　）　② 駅長 （　　　）

庭・畑・岸・湖・港

 漢字の練習をしましょう。

 にわ
ニワ
音 テイ

 庭

10画　　一 ナ 广 ど 庐 庐 庭 庭 庭

使い方　家庭　中庭

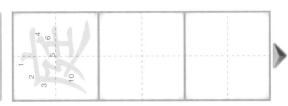

 はたけ
はた
畑

9画　　` 丷 火 灯 灯 畑 畑 畑

使い方　田畑　花畑

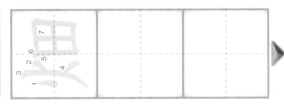

 きし
音 ガン
岸

8画　　一 屵 屵 屵 芦 芦 芦 岸

使い方　海岸　川岸

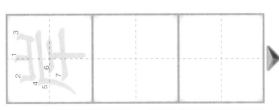

 みずうみ
音 コ
湖

12画　　` 氵 氵 汁 汁 汁 汁 沽 沽 湖 湖 湖 湖

使い方　湖岸　湖水

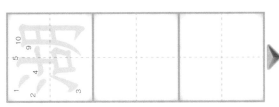

 みなと
音 コウ
港

12画　　` 氵 氵 汁 汁 沣 沣 洪 洪 洪 洪 港 港

使い方　空港　港町

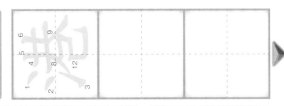

ドラゴンの
おおむかし
る古の東よう
とし西よう
にて絵の
の国で
まき物は
ヤミイス
にかして王を
いた。

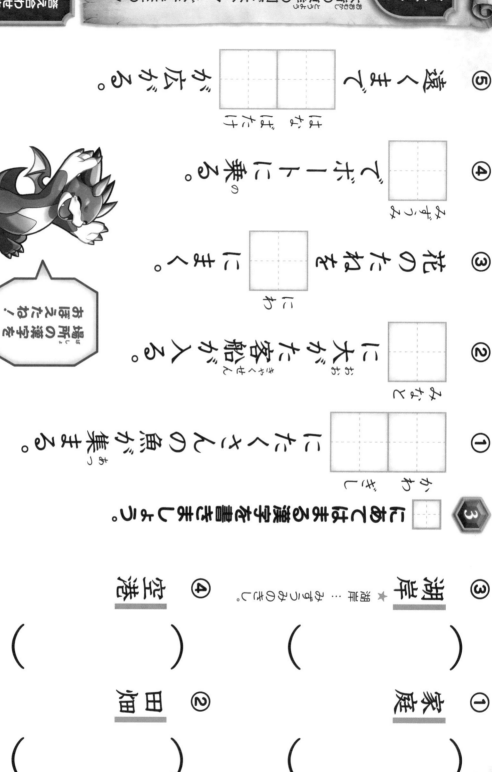

⑤ 遠くまで□□が広がる。
（はたけ）

④ みんなで□ートに乗る。
（みす）

③ 花のたねを□にまく。
（にわ）

② □に大きな客船が入る。
（みなと）

① □□にたくさんの魚が集まる。
（かわ）

3 □にあてはまる漢字を書きましょう。

お場所の漢字をおぼえて！

---

2 ━━線の漢字の読みがなを書きましょう。

③ 湖岸 ★湖岸…みずうみのきし。（　　　）

④ 空港 （　　　）

① 家庭 （　　　）

② 田畑 （　　　）

役・所・住・柱・階

① 漢字の練習をしましょう。

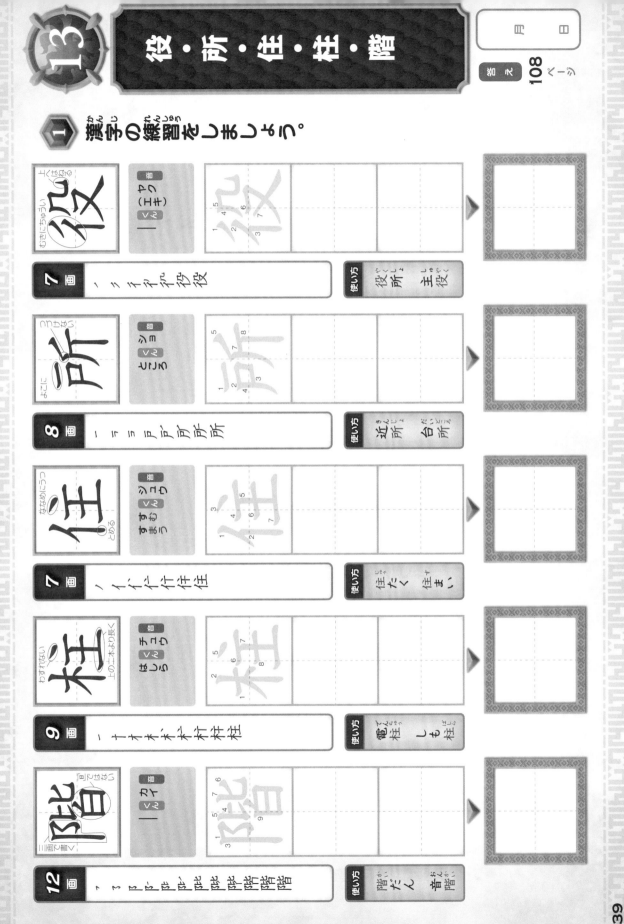

漢字	読み	画数	筆順	使い方
役	音 ヤク（エキ）　くん	7画	ノ ケ 彳 犭 狎 狎 役	役所 主役
所	音 ショ　くん ところ	8画	ー ｒ ｆ 戸 戸 所 所 所	近所 台所
住	音 ジュウ　くん すむ・すまう	7画	′ イ イ 竹 住 住	住たく 住まい
柱	音 チュウ　くん はしら	9画	一 十 オ 木 杧 柑 柑 柱	電柱 しも柱
階	音 カイ　くん	12画	′ ３ ｒ ｒ- 阝 阝 阝 阽 階 階 階 階	階だん 音階

39

ページの下の
答え合わせを
しよう！
→⑬の答えは

 ③ □にあてはまる漢字を書きましょう。

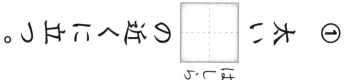 ① 木の □ の近くに立つ。

 ② 母が □□ で夕食のしたくをする。

 ③ げきの □□ にえらばれる。

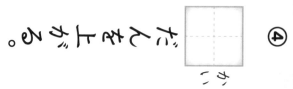 ④ □ だんを上がる。

 ⑤ 赤い屋根の家に □ む。

2 ―― 線の漢字の読みがなを書きましょう。

① 役所 （　　　　）

② 住たく （　　　　）

③ 電柱 （　　　　）

④ 音階 （　　　　）

★音階…「ド・レ・ミ・ファ・ソ・ラ・シ・ド」のこと。

40

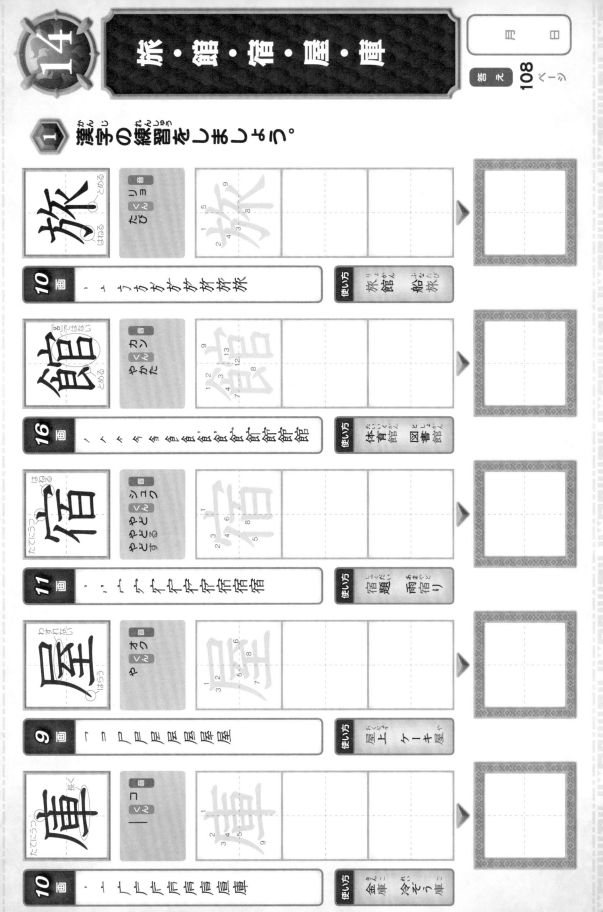

① 漢字の練習をしましょう。

旅
とめる
はねる

音　リョ
訓　たび

10画　、　う　方　方　が　カ　旅　旅

使い方　旅り館ん　船ぶな旅び

館
やかた
とめる

音　カン
訓　やかた

16画　ノ　ハ　ヘ　今　今　飠　飠　飠　飠　飠　飠　飠　館　館

使い方　体育館ん　図書館ん

宿
はねる
たてにつく

音　シュク
訓　やど　やどる　やどす

11画　、　、　ウ　ウ　产　产　宁　宿　宿　宿

使い方　宿題だい　両宿り

屋
むすれない
はらう

音　オク
訓　や

9画　フ　ユ　尸　尸　尸　尼　居　居　屋

使い方　屋上じょう　ケーキ屋や

庫
たてにつく
長く

音　コ
訓　一

10画　、　一　广　广　户　户　盾　盾　盾　庫

使い方　金庫こ　冷ぞう庫こ

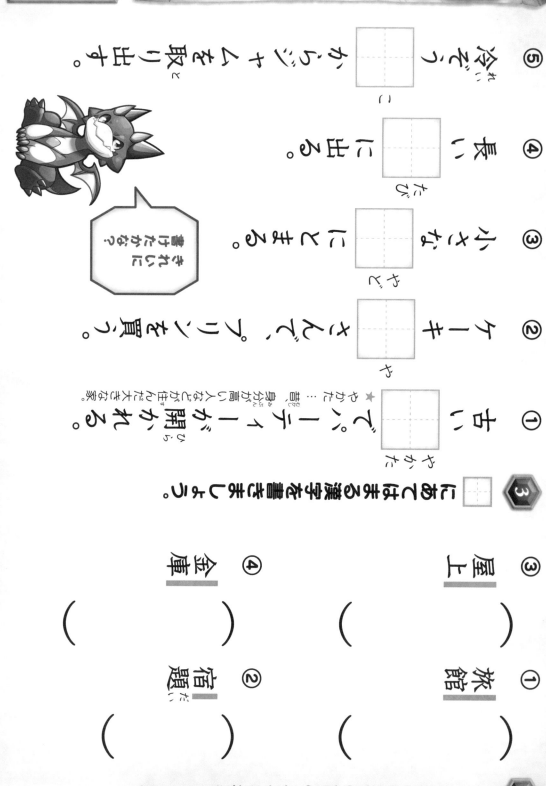

こたえ合わせをして、かんせいの⑭ページからシールをはろう！

3 □にあてはまる漢字を書きましょう。

① 古（ふる）い□で、★やかた…ドアーがひとりでに開（ひら）かれる。

★やかた…昔、身分が高い人などが住んだ大きな家。

② ケーキ□てんで、プリンを買う。

③ 小さな□にとまる。（やど）

④ 長い□に出（だ）る。（たび）

⑤ 冷（れい）ぞう□から、ジャムを取（と）り出す。

かんたんに書けたかな？

2 ━━線の漢字の読みがなを書きましょう。

① 旅館（　　　　）

② 宿題（しゅくだい）（　　　　）

③ 屋上（　　　　）

④ 金庫（　　　　）

昭・和・昔・代・式

① 漢字の練習をしましょう。

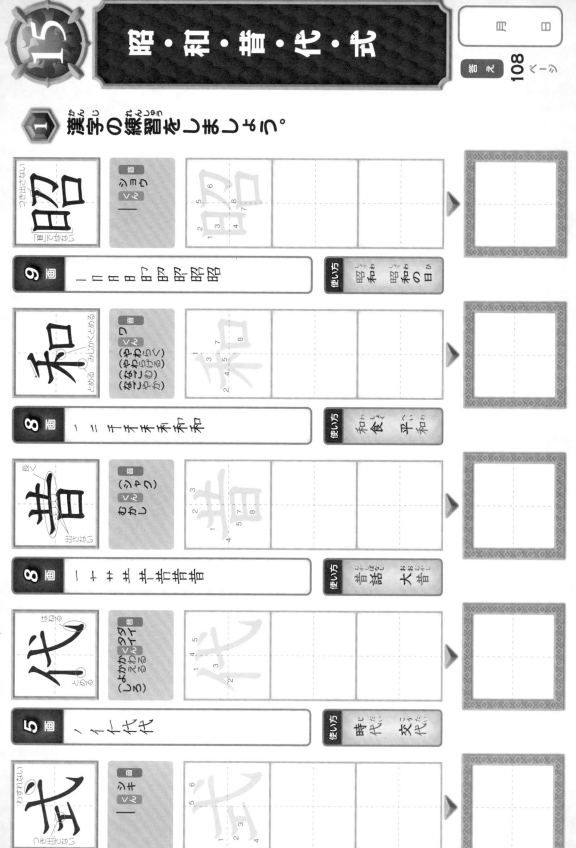

昭
つき出さない
「目」にしない

音 ショウ
訓

9画　｜ 冂 日 日 旦刀 昭 昭 昭

使い方　昭和　昭和の日

和
とめる　みじかく とめる

音 ワ
訓 やわらぐ・やわらげる・なごむ・なごやか

8画　｜ ニ 千 禾 禾 和 和 和

使い方　和食　平和

昔
長く
はねない

音 （シャク）
訓 むかし

8画　｜ 十 丗 丗 昔 昔 昔

使い方　昔話　大昔

代
はらう
とめる

音 ダイ・タイ
訓 かわる・かえる・よ・しろ

5画　｜ 亻 仁 代 代

使い方　時代　交代

式
わすれない
つき出さない

音 シキ
訓

6画　｜ 二 〒 式 式

使い方　結式　入学式

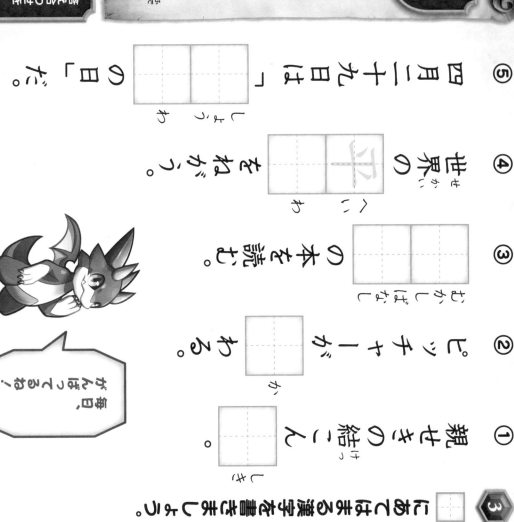

③ 「　」にあてはまる漢字を書きましょう。

① 親せきの結こん「　　」。

② ピッチャーが「　　」わる。

③ むかしばなしの本を読む。

④ 世界の「　　」をかさねる。

⑤ 四月二十九日は「　　」の日だ。

まい日、がんばってるね！

② ──線の漢字の読みがなを書きましょう。

① 昭和（　　　）

② 大昔（　　　）

③ 時代（　　　）

④ 入学式（　　　）

16 神・様・祭・礼・宮

見 日

① 漢字の練習をしましょう。

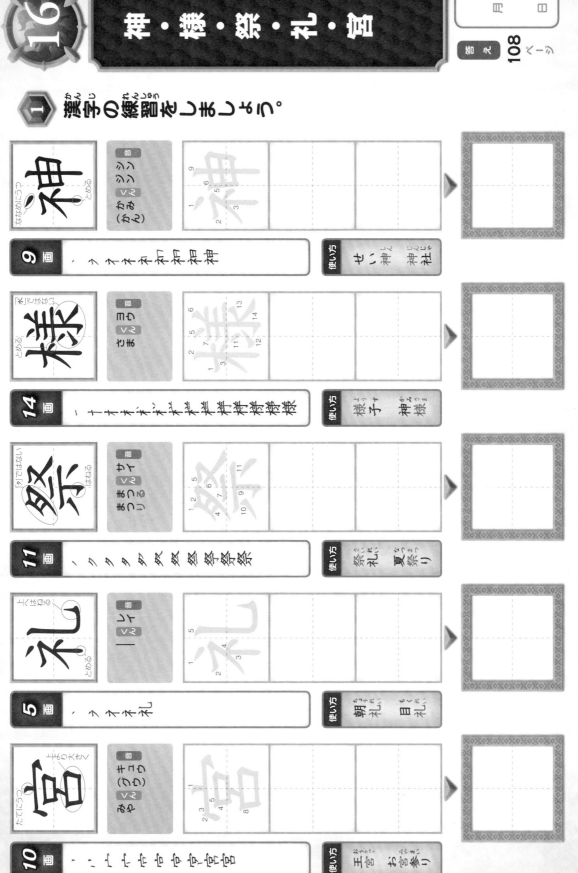

神（とめる）
音 シン・ジン
訓 かみ（かん）

9画　＼ フ ァ ネ 却 和 和 神

使い方　神社（じんじゃ）　神社（じんじゃ）

様（とめる）
音 ヨウ
訓 さま

14画　＼ 十 才 木 样 样 样 样 样 様 様 様 様

使い方　様子（ようす）　神様（かみさま）

祭（はねる）
音 サイ
訓 まつる・まつり

11画　＼ ク タ タ 狄 叙 叙 祭 祭 祭

使い方　祭礼（さいれい）　夏祭り（なつまつり）

礼（とめる）
音 レイ・ライ
訓

5画　＼ フ ネ 礼

使い方　朝礼（ちょうれい）　目礼（もくれい）

宮（とめる）
音 キュウ・グウ（ク）
訓 みや

10画　＼ ＼ ウ ウ ウ 宇 宮 宮 宮 宮

使い方　王宮（おうきゅう）　お宮参り（おみやまいり）

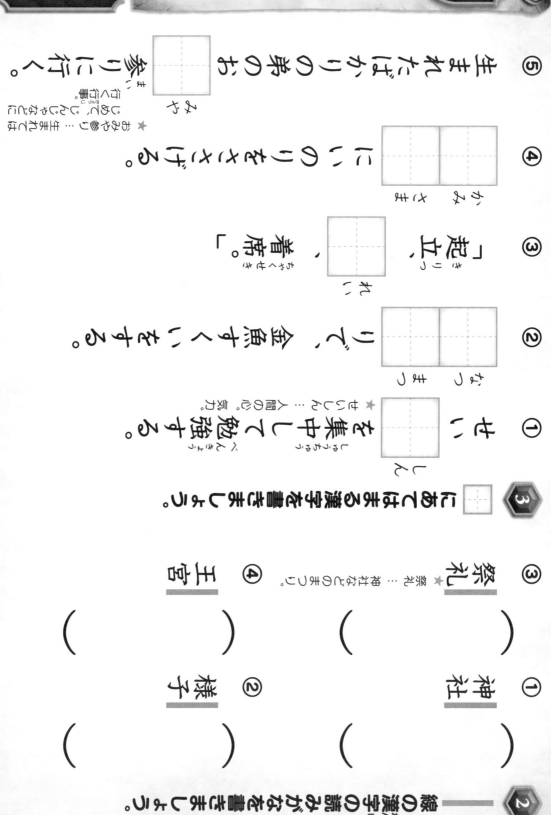

３ □にあてはまる漢字を書きましょう。

① □□□を集中して勉強する。
★せいしん…人間の心。気力。

② □□□なり、□□□いきで、金魚すくいをする。

③ 起立、□□、着席。「ちゃくせき れい。」

④ □□□□に□□みをささげる。

⑤ 生まれたばかりの弟のお□□まいりに行く。
★おみやまいり…あかちゃんが生まれてはじめて行う行事。

２ ──線の漢字の読みがなを書きましょう。

① 神社 （　　　　　　　）

② 様子 （　　　　　　　）

③ 祭礼 （　　　　　　　）
★祭礼…神社などのおまつり。

④ 王宮 （　　　　　　　）

答え合わせをしたら⑯のシールをはろう！

17 研・究・漢・詩・章

月　　日

答え **108** ページ

① 漢字の練習をしましょう。

研

まちがえないに
左へはらう

音 ケン
訓 （とぐ）

9画　一 ア 石 石 石 研 研 研 研

使い方 研究 研修

究

まげる
はねる

音 キュウ
訓 （きわめる）

7画　、 、 ウ ウ 空 究 究

使い方 究明 追究

漢

つき出さない
よこぼうは二本

音 カン

13画　、 、 、 氵 汁 汁 汁 芦 芦 芦 漢 漢 漢

使い方 漢詩 漢字

詩

わすれない
はねる

音 シ

13画　、 、 言 言 言 言 言 計 詩 詩 詩 詩 詩

使い方 詩集 詩人

章

長く
たてにつらぬく

音 ショウ

11画　、 、 二 立 产 产 音 音 音 章 章

使い方 校章 文章

47

しっかり答えをわすれたらもう一度ページをたしかめよう！

3 □にあてはまるかんじを書きましょう。

① 生命（せいめい）のなぞを 挑□（ちょうせん）する。

★ちょうせん…むずかしいことなどにたちむかうこと。がくもんなどをふかくしらべてあきらかにすること。

② 有名（ゆうめい）な作家の □□（ぶんしょう）を読む。

③ 自分の名前を □□（かんじ）で書く。

④ 夏休みの自由（じゆう）□□（けんきゅう）のテーマを考える。

⑤ 先生にすすめられた □集（しゅう）を読む。

2 ——線のかんじの読みがなを書きましょう。

① 研究 （　　　　　）

② 漢詩 （　　　　　）　★漢詩…中国の昔の詩。

③ 詩人 （　　　　　）

④ 校章 （　　　　　）

48

1 ——線の漢字の読みがなを書きましょう。

① （　　　　　）
鉄橋をわたる。
★鉄橋…てつのはし。

② （　　　　　）
飲み物を用意する。

③ （　　　　　）
雪が屋根につもる。

④ （　　　　　）
なっ豆を食べる。

⑤ （　　　　　）
校庭で遊ぶ。

⑥ （　　　　　）
研究者になる。

2 ——線の漢字の読みがなを書きましょう。

① （　　　　　）
★畑作でとれた大根。
畑作…はたけに野菜などをつくること。
（　　　　　）
花畑

② （　　　　　）
神話を読む。
（　　　　　）
水神
★水神…みずのかみさま。

ドラゴンは、トカゲににていますが、とてもおおきいのがとくちょうです。また、そらをとんだり、くちから火をはいたりする力をもっています。

4 線のことばを、漢字と送りがなで（　）に書きましょう。

① 新しい先生に__かわる__。
（　　　　　）

② 先生の家を__たずねる__。
（　　　　　）

★かわる…今までのものがなくなり、ほかのものになること。
★たずねる…人の家などをおとずれること。

3 □にあてはまる漢字を書きましょう。

① 図書[としょ]□[かん]で、□[むかし]の本をかりる。

② 家族[かぞく]□[づれ]で、大きな□[おおどおり]の木を見た。

③ 門[もん]□[ちゅう]に□[じゅうしょ]が書いてある。
★門中…門のうちがわのこと。

④ 大きな□[えもん]の中に、□[　]あるのとびらのようだ。

パズル

ドラゴンのパズル

① 同じ音をもつ漢字を――線でつなぎましょう。

神

院

湖

庫

館

身

飲

ヤミズチ

アヤシリ

わかれ道では、画数の多いほうの漢字の道をえらぶと、ゴールに行けます。

問・題・練・習・勉

答え 109 ページ

1 漢字の練習をしましょう。

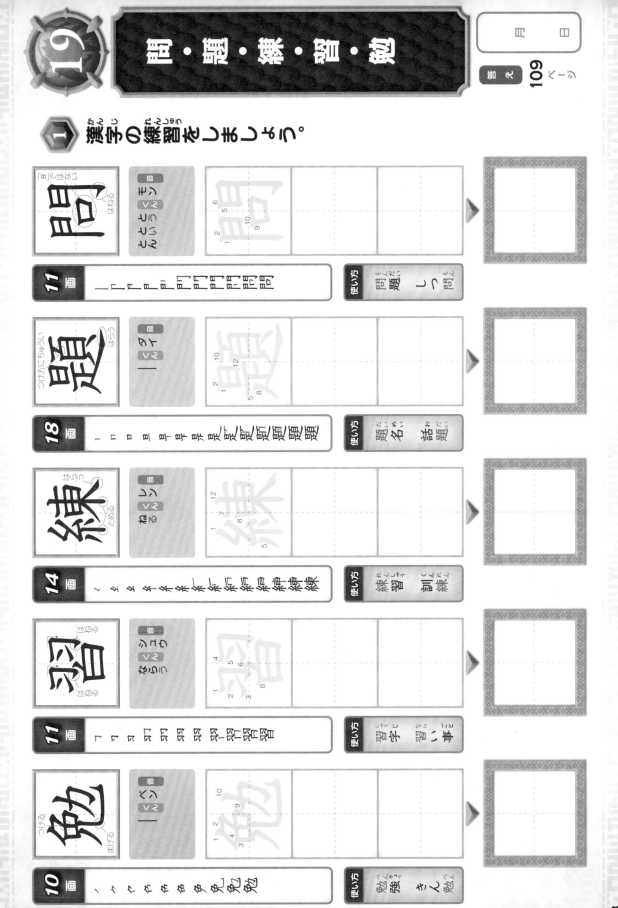

問 はねる [門にはねる]
モン と(い) と(う) と(う)
11画 ｜ ｜ ｜ ｜ ｜ ｜ ｜ ｜ ｜ ｜ ｜ ｜ 門 問 問
使い方 問題 問い 問う

題 つけ方にちゅうい はらう
ダイ
18画 ｜ ｜ ｜ ｜ ｜ ｜ ｜ ｜ ｜ 早 早 早 是 是 尾 題 題 題
使い方 題名 話題

練 はらう とめる
ねる レン
14画 ｜ ｜ ｜ ｜ ｜ 糸 糸 糸 糸 糸 紳 練 練
使い方 練習 訓練

習 はねる はねる
シュウ なら(う)
11画 ｜ ｜ ｜ ｜ ｜ ｜ ｜ ｜ ｜ 習 習
使い方 習字 習い事

勉 つける まげる
ベン
10画 ｜ ｜ ｜ ｜ 各 各 免 免 勉 勉
使い方 勉強 きん勉

コエンザイ、あわせばやく木になり、本もえていくな。

③ □にあてはまる漢字を書きましょう。

① 共通(きょうつう)の□□でもり(だい)あがる。

② わり算を□(なら)う。

③ ねん土を□(ね)る。

④ 先生の□(と)いかけに答える。

⑤ 姉は、きん□(べん)だ。

★きん…べんきょうを
はげむこと。

② ──線の漢字の読みがなを書きましょう。

① 問題（　　　）　　② 練習（　　　）

③ 習字（　　　）　　④ 勉強（　　　）

委・員・級・係・童

1 漢字の練習をしましょう。

| 委 | 音 イ
訓 ゆだ(ねる) | | | | |
| 左下へはらう　外へ出す | | | | | |

8画 一　二　三　チ　禾　禾　委　委

使い方　委員　委細

| 員 | 音 イン
訓 | | | | |
| ひらく　つける | | | | | |

10画 丨　冂　冂　冂　冃　冒　冒　員　員　員

使い方　全員　満員

| 級 | 音 キュウ
訓 | | | | |
| 一画で書く | | | | | |

9画 〈　幺　幺　幺　糸　糸　糸　紀　級

使い方　高級　同級生

| 係 | 音 ケイ
訓 かか(る)　かかり | | | | |
| つける　はらう | | | | | |

9画 丿　亻　亻　仁　仔　俘　侱　係　係

使い方　関係　進行係

| 童 | 音 ドウ
訓 (わらべ) | | | | |
| 長く　たてにつらぬく | | | | | |

12画 一　二　十　立　立　产　音　音　音　畜　童　童

使い方　童話　児童

③ □にあてはまる漢字を書きましょう。

① □□なら車がない。

② クラスの□□を決める。

③ 外国の□□を読む。

④ 会長のはんだんに□る。
★ゆだねる……ゆだけじかないね。

⑤ 会場が満□になる。

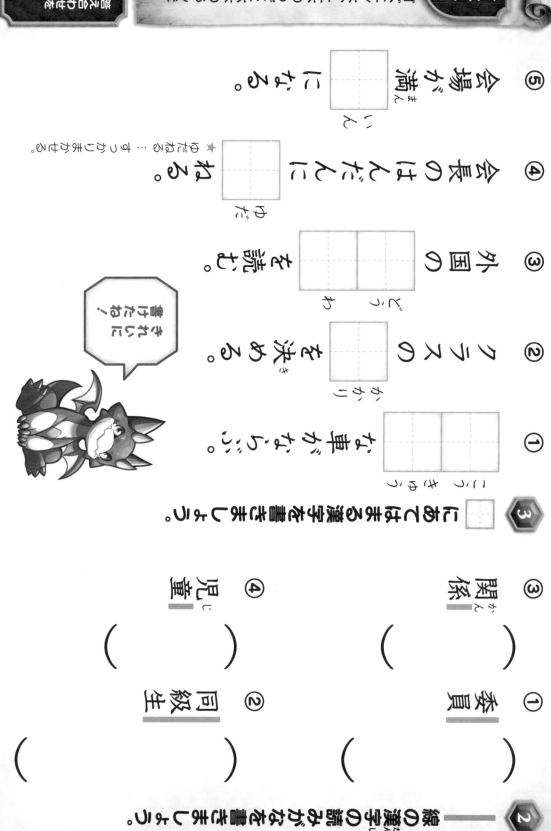

ていねいに書けたかな！

② ——線の漢字の読みがなを書きましょう。

① 委員（　　　　）

② 同級生（　　　　）

③ 関係（　　　　）

④ 児童（　　　　）

21

主・客・族・者・君

① 漢字の練習をしましょう。

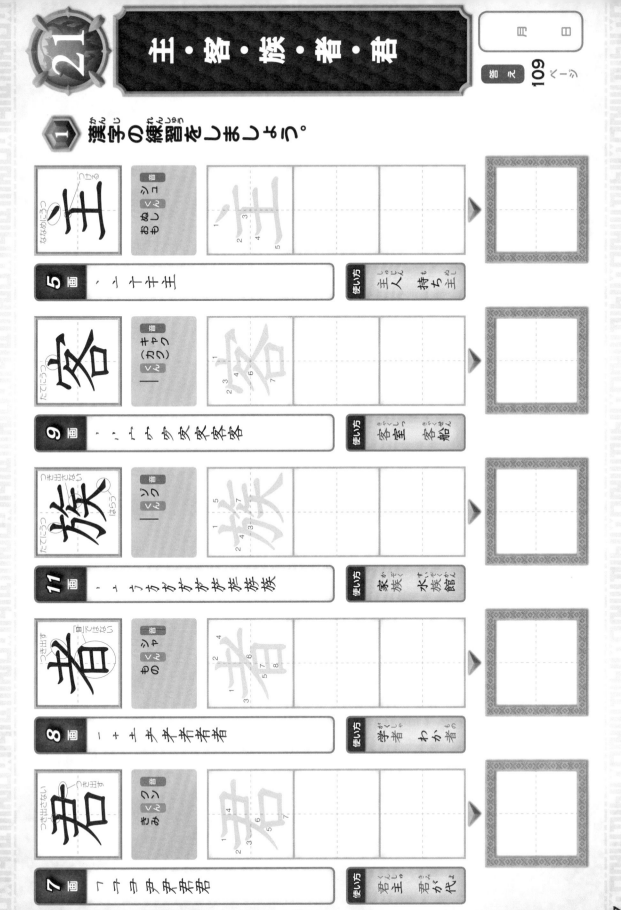

主
ぬし おも ［音］シュ ［訓］おも ぬし
なな画にこう つけかた

5画 　、ー　　ナ　三　主

使い方
主人 持ち主

客
［音］キャク カク
たてにこう

9画 　、　　、　　、　　ゲ　ゲ　安　安　客客

使い方
客室 客船

族
つき出さない はらう たてにこう

［音］ゾク

11画 　、　　ー　　う　　方　　方　　方　　ゲ　族　族　族

使い方
家族 水族館

者
つき出す ［目］につけない

［音］シャ ［訓］もの

8画 　ー　　十　　土　　チ　　夬　　者　者　者

使い方
学者 わか者

君
つき出す つき出さない

［音］クン ［訓］きみ

7画 　フ　　ラ　　ヲ　　尹　　尹　君　君

使い方
君主 君が代

こたえあわせをして
シールをはろう！
答えは⑳の

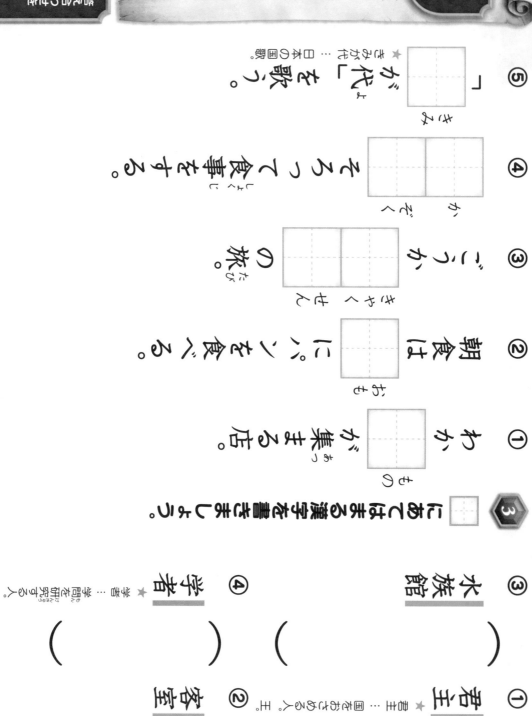

③ □にあてはまる漢字を書きましょう。

① わ□ものが集まる店。（もの）

② 朝食は□にパンを食べる。（おも）

③ □□いっしゅうの旅。（たび）

④ □□そろって食事をする。（かぞく）

⑤ 「□が代」を歌う。（きみ）
　★きみが代…日本の国歌。

② ——線の漢字の読みがなを書きましょう。

③ 水族館（　　　　）

④ 学者（　　　　）
　★学者…学問を研究する人。

① 君主（　　　　）
　★君主…国をおさめる人。

② 客室（　　　　）

22

荷・物・商・品・皿

❶ 漢字の練習をしましょう。

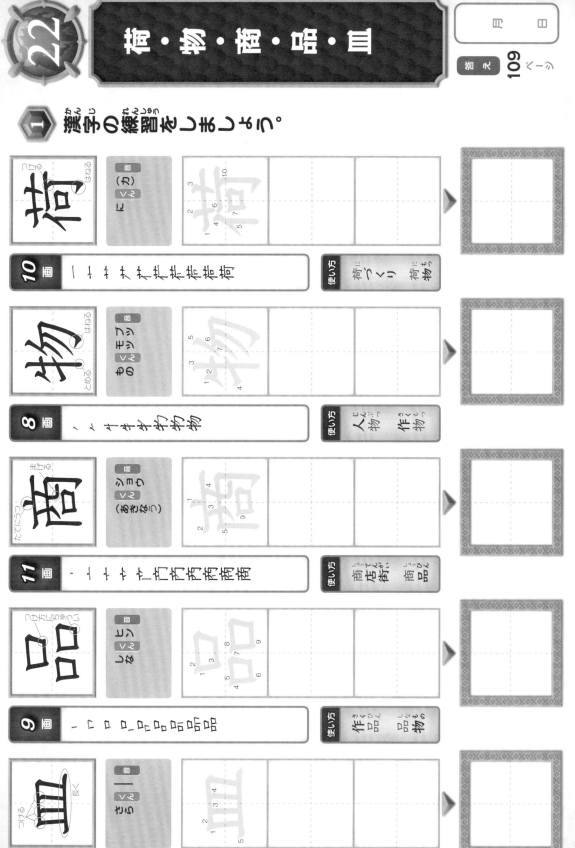

荷
つなぐ・はねる
音（カ）
訓 に
10画
一 一 艹 艹 芢 芢 荷 荷 荷 荷
使い方　荷づくり　荷物

物
はねる・とめる
音 モツ・ブツ
訓 もの
8画
丶 二 牛 牛 牛 物 物 物
使い方　人物　作物

商
まげる・たてにつく
音 ショウ
訓 （あきなう）
11画
丶 一 亠 产 产 芮 芮 芮 商 商 商
使い方　商店街　商品

品
つきだす・ちいさめに・まるめる
音 ヒン
訓 しな
9画
丨 口 口 口 口 品 品 品 品
使い方　作品　品物

皿
つける・長く・はらう
音 —
訓 さら
5画
丨 冂 冂 皿 皿
使い方　小皿　はち皿

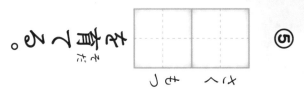
3 □にあてはまる漢字を書きましょう。

① 〔しな もの〕を見くらべる。

② 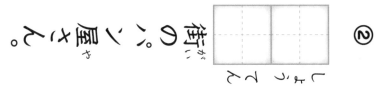〔しょ てん〕街のパン屋さん。

③ 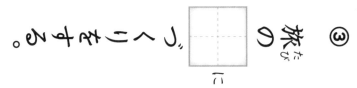旅の□にをする。

④ 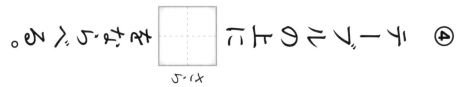テーブルの上に□〔さら〕をならべる。

⑤ □〔さく もつ〕を育てる。

2 ──線の漢字の読みがなを書きましょう。

① 荷物 （　　　　）

② 人物 （　　　　）

③ 商品 （　　　　）

④ 小皿 （　　　　）

23

写・真・洋・服・羊

答え 109 ページ

月　日

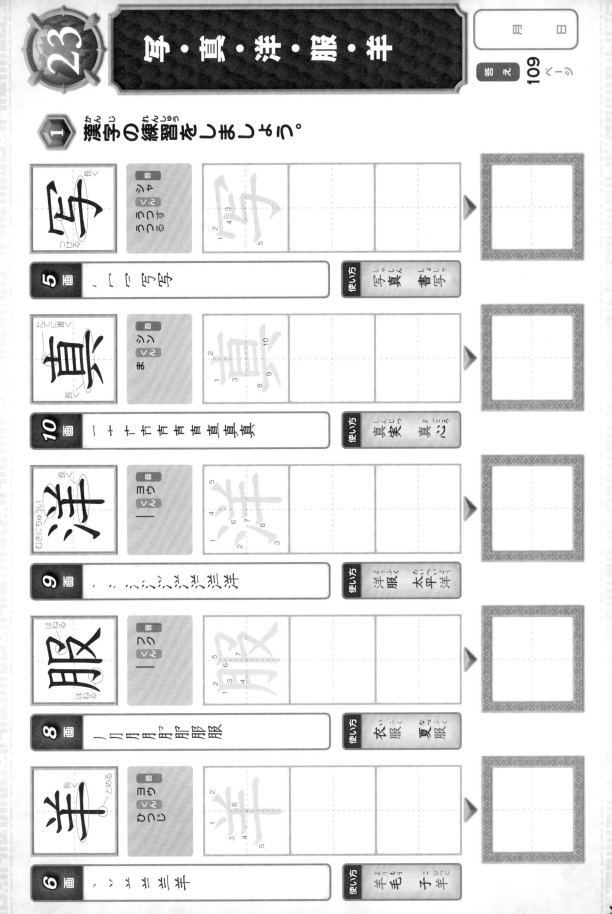

① 漢字の練習をしましょう。

写

長く　口すぼめる

音　シャ
　うつる
　うつす
　うつる

5画　丶 冖 写 写

使い方　写真　書写

真

ただに書く　長く

音　シン
　ま

10画　一 十 ナ 市 甫 甫 首 直 真 真

使い方　真実　真心

洋

長く　むきにちゅうい

音　ヨウ

9画　丶 丶 氵 氵 洋 洋 洋 洋 洋

使い方　洋服　太平洋

服

はらう　はねる

音　フク

8画　丿 刀 月 月 肝 服 服 服

使い方　衣服　夏服

羊

長く　とめる　ひつじ

音　ヨウ
　ひつじ

6画　丶 丷 ヴ 并 羊 羊

使い方　羊毛　子羊

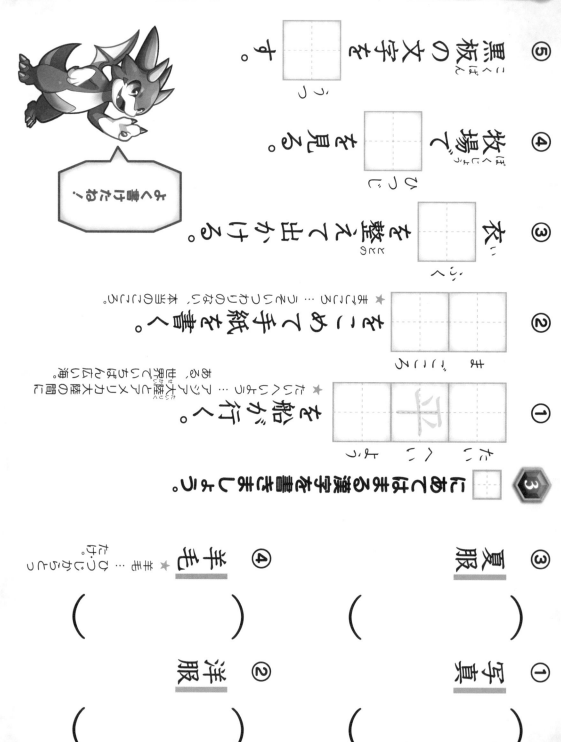

こたえあわせをしたら❷のページをはろう!

ポイント

コエトロのうたんは、何とかなりばなな。ジラスのうたんは、大きなです。先のエトロのぶぶんは、大きくなります。

❸ □にあてはまる漢字を書きましょう。

① □□を船が行く。
★たいりく…アジア、アメリカなど、せかいにある大きなりくち。ひろい海の間に広い陸地。

② □□て手紙を書く。
★はじめて…いままでにしたことのない。本当のことで。

③ 衣ふくを整えて出かける。

④ 牧場で□□を見る。

⑤ 黒板の文字を□□します。

よくできたね!

❷ ──線の漢字の読みがなを書きましょう。

① 写真 (　　　　)　　② 洋服 (　　　　)

③ 夏服 (　　　　)

④ 羊毛 (　　　　)
★毛…け。

24

筆・箱・板・帳・具

答え **109** ページ

月　日

① 漢字の練習をしましょう。

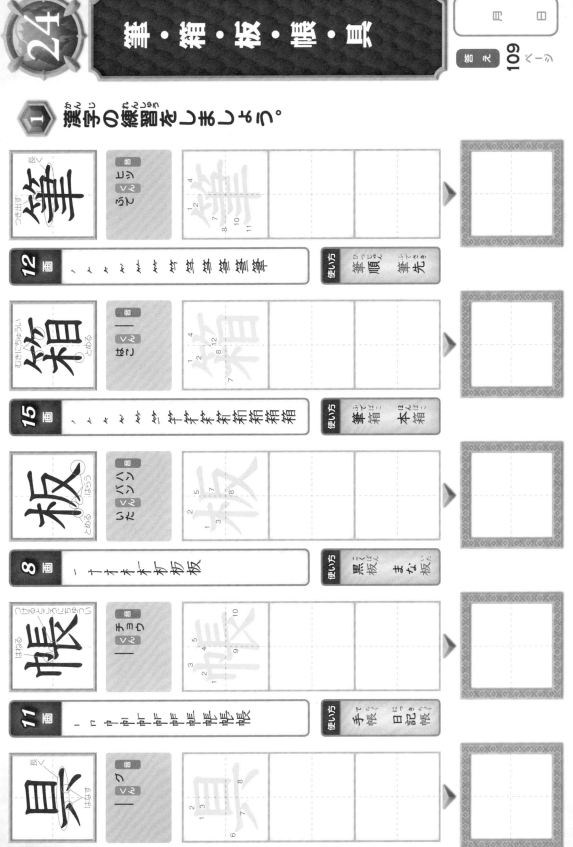

筆
つき出す　長く
音 ヒツ
くん ふで

12画　｀　ナ　だ　グ　竺　竺　笃　筆　筆

使い方　筆順　筆先

箱
むぎにちゅうい
音 ─
くん はこ
とめる

15画　｀　ナ　が　が　竺　竺　芦　芥　箝　箝　箱

使い方　筆箱　本箱

板
はらう
とめる
音 ハン　バン
くん いた

8画　一　ナ　オ　木　木　板　板

使い方　黒板　まな板

帳
つきでるてつきでるてちょう
音 チョウ
くん はねる

11画　｜　冂　巾　巾　帄　帄　帳　帳　帳　帳

使い方　手帳　日記帳

具
長く
音 ─
くん はなす

8画　｜　冂　目　目　目　目　具　具

使い方　絵の具　家具

63

赤いエンピツようせいがシールをはるとメッセージがうかびあがるよ。

3 □にあてはまる漢字を書きましょう。

①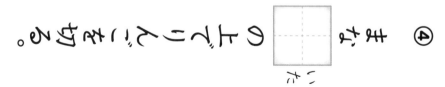
てちょうにようしを書きこむ。

②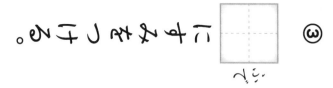
黄色と青色の絵の具をまぜる。

③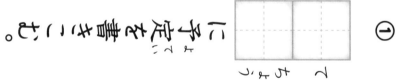
にすみをつける。

④
まな板の上でにんじんを切る。

⑤
国語辞典を本箱にしまう。

2 ——線の漢字の読みがなを書きましょう。

★ 筆順…漢字などの書き順。

① 筆順 （　　　　　）

② 黒板 （　　　　　）

③ 日記帳 （　　　　　）

④ 家具 （　　　　　）

① 漢字の練習をしましょう。

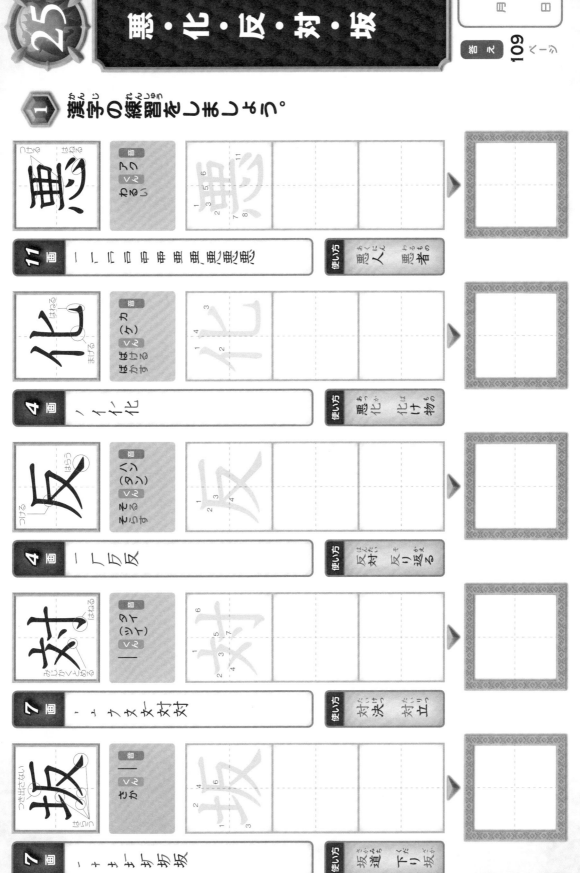

悪
つける　はねる
わるい

音 アク
訓 わるい

11画　丨　冂　冂　冃　戸　申　亜　亜　悪　悪　悪

使い方　悪人　悪者

化
はねる　まげる　ばける　ばかす

音 カ（ケ）
訓 ばける　ばかす

4画　丿　イ　仨　化

使い方　悪化　化け物の

反
はらう　つける　そる　そらす

音 ハン（タン）
訓 そる　そらす

4画　一　厂　万　反

使い方　反対　反り返る

対
はねる　みじかくとめる

音 タイ（ツイ）
訓

7画　丶　丷　ナ　文　対　対

使い方　対決　対立

坂
つき出さない　はらう　さか

音
訓 さか

7画　一　十　土　圫　圫　坂　坂

使い方　坂道　下り坂

65

エベレストは、頭は山の上から気配をあがう。りうエし、頭は山の上から気配をあがう。

3 □にあてはまる漢字を書きましょう。

① □□ によりして意見をまとめる。（たいりつ）

② 天気の□い日がつづく。（わる）

③ □の多い町に住む。（さか・す）

④ きつねが人を□かす昔話を読む。（ば・むかしばなし・よ）

⑤ 体を□らす体そうをする。（そ）

2 ――線の漢字の読みがなを書きましょう。

① 悪人 （　　　　）

② 悪化 （　　　　）

③ 反対 （　　　　）

④ 坂道 （　　　　）

★悪化…悪くなること。様子がかわること。

安・全・注・意・速

① 漢字の練習をしましょう。

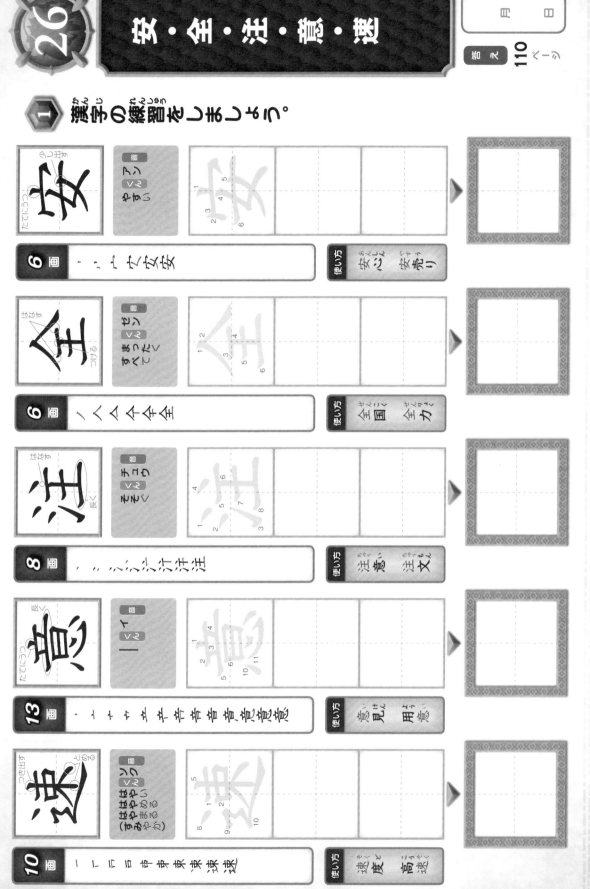

安
たてにつく / 少し出す
音 アン
くん やすい

6画　　　ノ　宀　安　安

使い方　安心（あんしん）　安売（やすう）り

全
はなす
音 ゼン
くん すべて・まったく

6画　　ノ　入　仝　全　全

使い方　全国（ぜんこく）　全力（ぜんりょく）

注
はなす / 長く
音 チュウ
くん そそぐ

8画　　`丶`　`氵`　注

使い方　注意（ちゅうい）　注文（ちゅうもん）

意
長く / たてにつく
音 イ
くん

13画　　`亠`　`立`　`日`　`心`　意

使い方　意見（いけん）　用意（ようい）

速
つき出す / とめる
音 ソク
くん はやい・はやめる・すみやか（すみやか）

10画　　`一`　`口`　`車`　`速`

使い方　速度（そくど）　高速（こうそく）

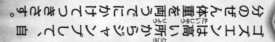

むずかしいときはドリルの㉖の答えをたしかめよう！

コエイさんは、体の高い所から両うでをジャンプしてかけて直つりおります。

⑤ いろいろなスイッチが、□（て）についている。

④ コンピューターを□（つか）う。

③ □（すべ）ての答えを書く。

② 姉は足が□（はや）い。

ていねいに書きましょう！

① 遠足の□□（よ・てい）をする。

3 □にあてはまる漢字を書きましょう。

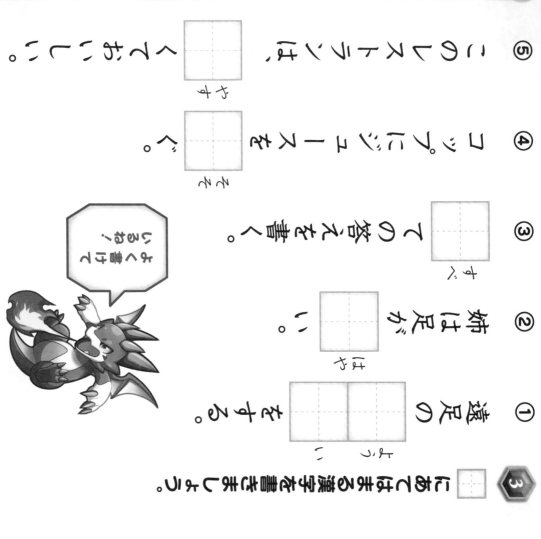

③ 注意 （　　　）

④ 高速 （　　　）
★ 高速…スピードがはやいこと。

① 安心 （　　　）

② 全国 （　　　）

2 ——線の漢字の読みがなを書きましょう。

1 ——線の漢字の読みがなを書きましょう。

（　　　　　）　　　　（　　　　　）

① 童ようを歌う。　② 足を速める。

2 ——線の漢字の読みがなを書きましょう。

①
（　　　　　）（　　　　　）
全てが安全だ。
（　　　　　）
全く知らない。

②
（　　　　　）
真実を話す。
（　　　　　）
真夏の海。

③
（　　　　　）
げきの登場人物。
（　　　　　）
たから物

④
（　　　　　）
鉄板で肉をやく。
（　　　　　）
店のかん板。

ドラゴンのおきて

テストに出るよ。ひらがなは言葉をくぎる。漢字にはたくさんのいみがある。道へすすむ。

こたえは27ページのうらにあるよ!

---

④ たしかめよう。
──線の言葉を、ひらがなを漢字に直して、（　）に組み合わせ

① 西よりのふうへを着（き）る。
（　　　　　　　　　）

② ふでを入れたはこ。
（　　　　　　　　　）

---

③ □にあてはまる漢字を書きましょう。

① デパートの案内（あんない）がかりに着（つ）く。

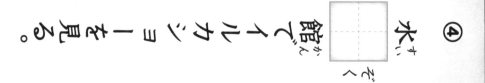

② 宿題（しゅくだい）をわすれたひとを省（はぶ）く。

③ 早朝（そうちょう）の勉強（べんきょう）を習（しゅう）かんにする。

④ 水（すい）ぞくかんでイルカのショーを見る。

70

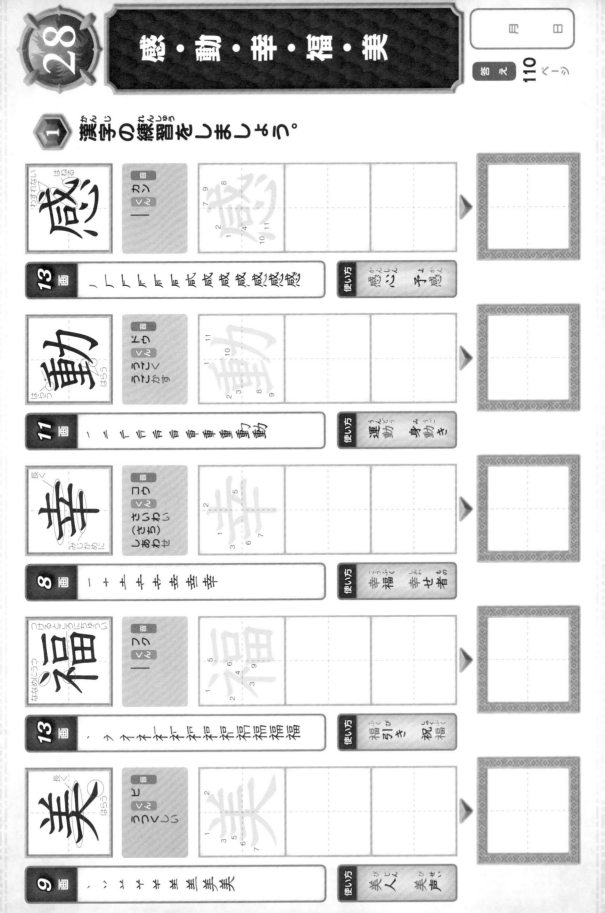

28 感・動・幸・福・美

答え 110ページ

① 漢字の練習をしましょう。

感
わすれない・はねる
音 カン
13画) 厂 厂 厂 厄 咸 咸 咸 咸 咸 感 感 感
使い方 感じる・予感

動
はらう
音 ドウ
訓 うごく・うごかす
11画 一 ニ 亓 亓 言 盲 盲 重 重 動 動
使い方 運動・身動き

幸
長く・みじかめに
音 コウ
訓 さいわい・(さち)・しあわせ
8画 一 十 土 キ キ 立 幸 幸
使い方 幸福・幸せ者

福
音 フク
13画 ` ラ ネ ネ ネ ネ ネ 福 福 福 福 福 福
使い方 福引き・祝福

美
長く・はらう
音 ビ
訓 うつくしい
9画 ` ` ` ` 二 ゙ 羊 羊 羊 美 美 美
使い方 美人・美声

71

ドリルの
いきもの

カ力ドラゴンは、ふだんは地の中にいる。一年に一度、地面から出てきて地上をかけまわる。

こたえあわせをしよう！
こたえは②⑧のページをみて

---

③ □にあてはまる漢字を書きましょう。

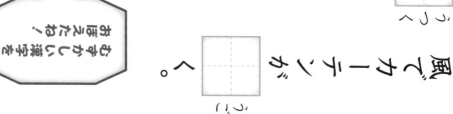

① よこに □□字がいると　よいことが起（お）こる気がする。

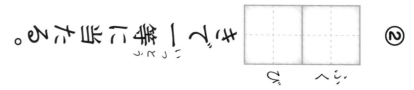

② くじで □□ に当たる。

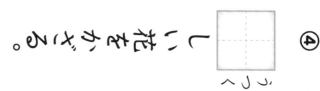

③ 風でカーテンが □ く。

④ □（うつく）しい花をさかせる。

⑤ □（しあわ）せな気持ちになる。

むずかしい漢字を
おぼえたね！

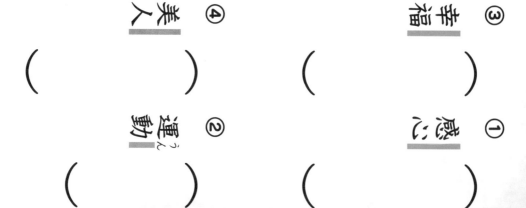

② ——線の漢字の読みがなを書きましょう。

③ 幸福 （　　　　）　　① 感じ （　　　　）

④ 美人 （　　　　）　　② 運動 （　　　　）

29

期・待・予・想・由

❶ 漢字の練習をしましょう。

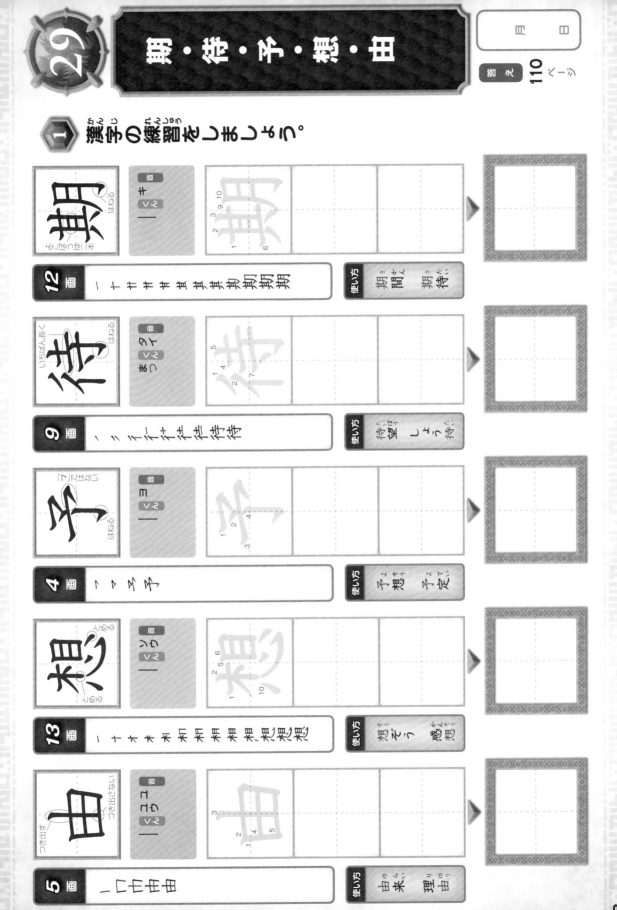

期
はねる
みじかい期間

音 キ（ケ）

12画　一　十　甘　甘　甘　其　其　期　期　期　期

使い方　期間　期待

待
いちばん長く
はねる
まつ

音 タイ

9画　丿　彳　彳　彳　社　社　待　待　待

使い方　待望　しょう待

予
「フ」とかかない
はねる

音 ヨ

4画　丿　マ　ア　予

使い方　予想　予定

想
とめる
とめる

音 ソウ（ソ）

13画　一　十　オ　木　柤　柤　相　相　相　想　想　想　想

使い方　想ぞう　感想

由
つき出す
つき出さない

音 ユ（ユウ・ユイ）

5画　丿　冂　内　由　由

使い方　由来　理由

73

ドラゴンのいかり

地上におりて
くるように、
止まりなさい
というように、
いちばん大きい
大きな声で高い
高い場所へ。

3 □にあてはまる漢字を書きましょう。

① 町名の□□を調べる。
★ゆらい…あるものができたもと。

② 十年後の世界を□□する。

③ 公園で友達を□す。

④ ゆう勝を□□する。

⑤ 夏休みの□□を立てる。

（書けたかな！）

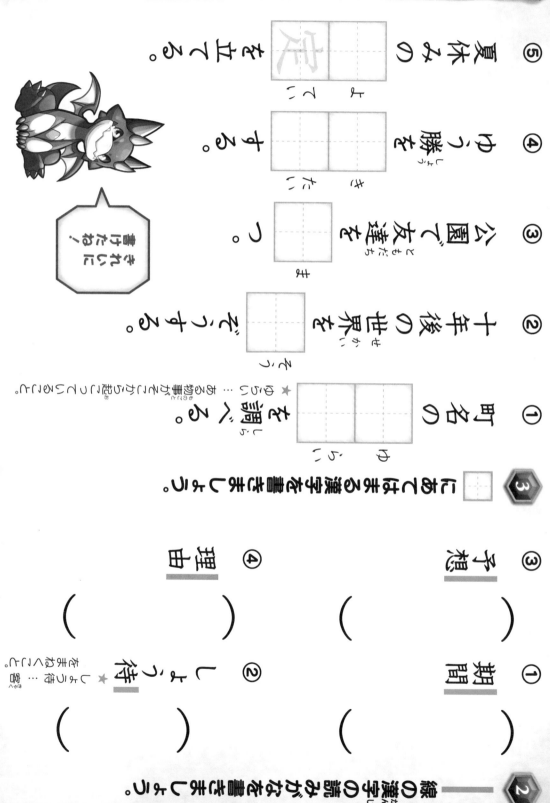

2 ──線の漢字の読みがなを書きましょう。

① 期間 （　　　　）

② しょうたい （　　　　）
★しょうたい…まねくこと。

③ 予想 （　　　　）

④ 理由 （　　　　）

30

苦・悲・暗・深・短

答え 110ページ

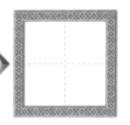

① 漢字の練習をしましょう。

苦　音：ク　訓：くるしい・くるしむ・くるしめる・にがい・にがる
8画　一 十 十 艹 艹 苦 苦 苦
使い方：苦労（くろう）　苦味（にがみ）

悲　音：ヒ　訓：かなしい・かなしむ
12画　） 丿 ヲ ヲ 非 非 非 非 悲 悲 悲 悲
使い方：悲運（ひうん）　悲鳴（ひめい）

暗　音：アン　訓：くらい
13画　｜ 冂 日 日 旷 旷 旷 旷 暗 暗 暗
使い方：明暗（めいあん）　暗（やみ）

深　音：シン　訓：ふかい・ふかまる・ふかめる
11画　丶 丶 氵 氵 氵 氵 泙 泙 泙 深 深
使い方：深海（しんかい）　深夜（しんや）

短　音：タン　訓：みじかい
12画　丿 丿 と 矢 矢 矢 矢 短 短 短 短 短
使い方：短時間（たんじかん）　手短（てみじか）

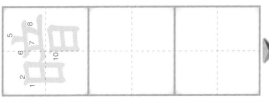
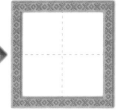

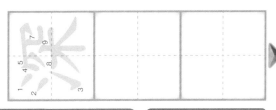

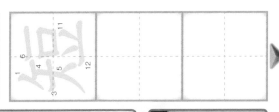

場所はガルダの鳴き声が聞こえる場所だ。もう10キロはなれた大きい口はなれた

シールを30まいはろう！
こたえあわせをしたら

---

③ □にあてはまる漢字を書きましょう。

① 部屋が □□い。

② 部屋に □□い薬を飲む。

③ 羊の毛を □□かる。

④ 森のおくへ □□ぶ。□□にある館。

⑤ □□しい物語を読む。

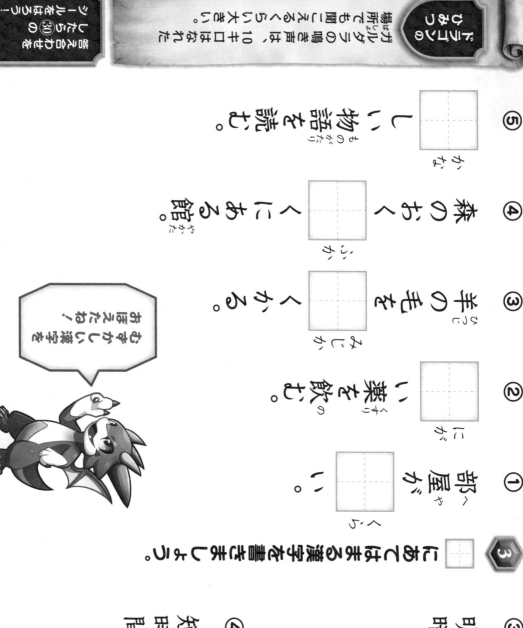

むずかしい漢字を おぼえたね！

---

② 線の漢字の読みがなを書きましょう。

① 苦労（　　　）

② 悲鳴（　　　）★悲鳴…さけび声。

③ 明暗（　　　）★明暗…あかるいとくらいこと。

④ 短時間（　　　）

仕・事・農・業・植

答え 110 ページ

① 漢字の練習をしましょう。

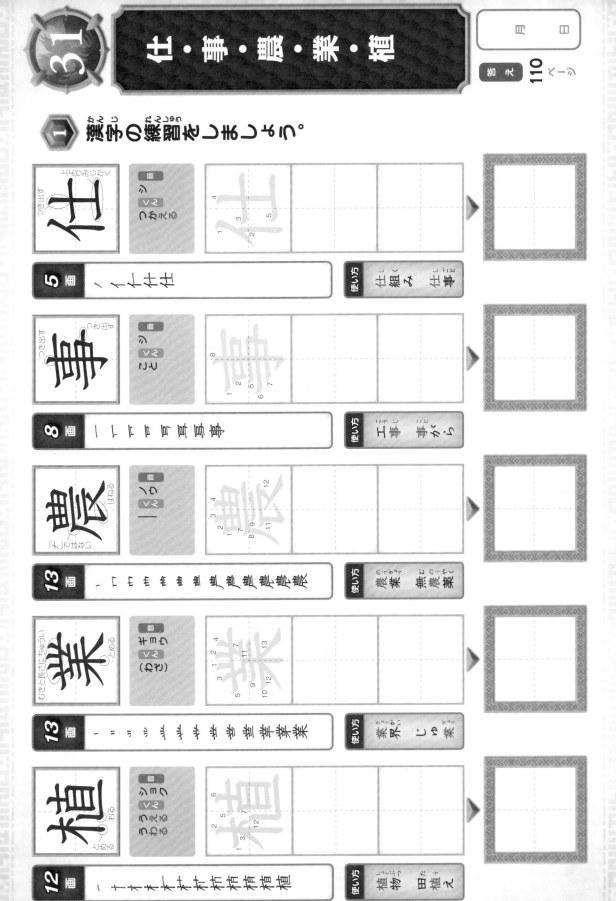

仕
つき出す
もちあがい

音 シ
くん つかえる

5画　ノ　イ　仁　仕　仕

使い方　仕組み　仕事

事
つき出す
つき出る

音 ジ
くん こと

8画　一　一　戸　写　写　写　事

使い方　工事　事がら

農
はねる
つきでない

音 ノウ

13画　一　⼾　曲　曲　曲　農　農　農　農　農

使い方　農業　無農薬

業
とめる
むきと長さにちゅうい

音 ギョウ
くん（わざ）

13画　一　⼶　⼾　巻　業　業　業　業

使い方　業界　じゅ業

植
とめる
おる

音 ショク
くん うえる うわる

12画　一　十　オ　木　朴　朴　枯　植　植

使い方　植物　田植え

③②の答え合わせをしてシールをはろう！

③ □にあてはまる漢字を書きましょう。

① 女王にこ□える。
★図書かんでしらべる…のように使う。

② 無□の□野菜を食べる。

③ 大切な□□をメモする。

④ 庭に□□□□だ。

⑤ 父は食品□□ではたらいている。

② ——線の漢字の読みがなを書きましょう。

① 仕組み （　　　　　）

② 工事 （　　　　　）

③ 農業 （　　　　　）

④ 植物 （　　　　　）

32 発・表・決・定・申

 ① 漢字の練習をしましょう。

発
書きじゅんにちゅうい

音 ハツ
（ホツ）
訓

9画 ノ ア ア ア ア 癶 癶 発 発

 使い方 発売 発表

表
おって右上へはねる

音 ヒョウ
訓 あらわす
あらわれる
おもて

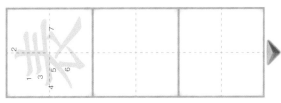 

8画 一 十 キ キ 主 未 表 表

 使い方 代表 表通り

決
長く
ハナ方にちゅうい

音 ケツ
訓 きめる
きまる

7画 丶 丶 冫 汁 沪 決 決

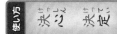 使い方 決心 決定

定
たてにうつ
つける

音 テイ
ジョウ
訓 さだめる
さだまる

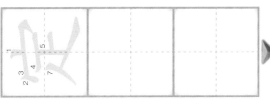 

8画 丶 丶 宀 宀 宁 宇 定 定

 使い方 安定 定ぎ

申
つき出す
つける

音 （シン）
訓 もうす

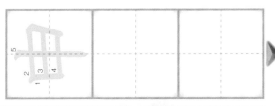 

5画 丨 冂 日 日 申

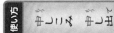 使い方 申しこむ 申し出て

79

ひらめきの
ドラゴン

答え合わせを
したら ㉜
ページの
シールをはろう！

オレンジ色の
レジうのつぶは、ほ
のおに近づけると、
オレンジ色になる。
まると青色と黄色と
なる。

③ □にあてはまる漢字を書きましょう。

① 新しい味のドレッシングが[　][　]される。
（はっ・ばい）

② 旅行の[　]もくじをしいなをする。
（こう）

③ 教室のルールを[　]める。
（さだ）

④ はがきの[　]にあて名を書く。
（おもて）
★あて名…手紙やはがきを送る相手の名前や住所。

⑤ 待ち合わせの時間を[　]める。
（き）

② ――線の漢字の読みがなを書きましょう。

① 発表 （　　　）

② 決定 （　　　）

③ 三角定き （　　　）

④ 申し出る （　　　）

月　日

答え 110ページ

① 漢字の練習をしましょう。

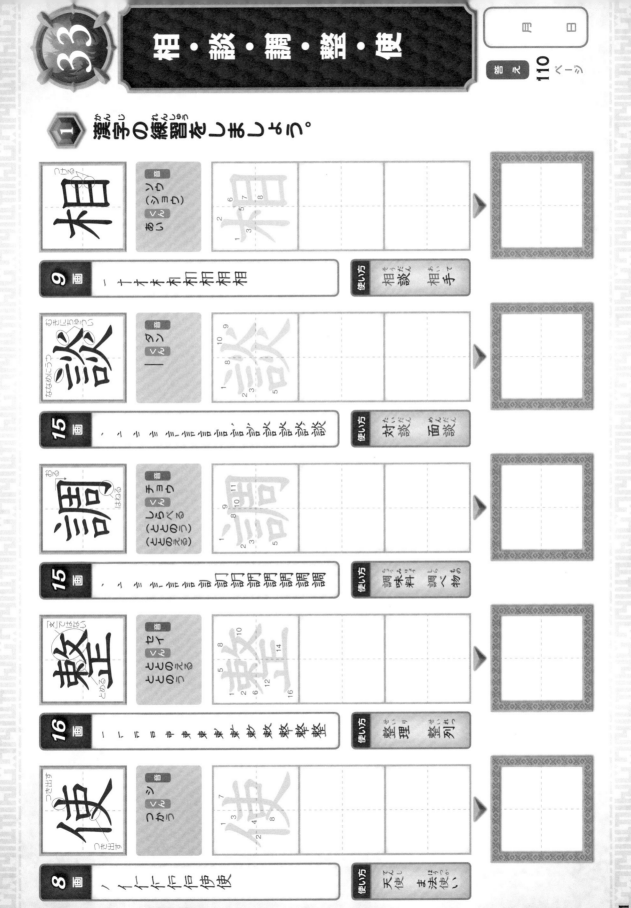

相　音 ショウ（ソウ）／訓 あい　9画　一 十 オ 木 杠 机 相 相 相　使い方 相談　相手

談　音 ダン／訓　15画　使い方 対談　面談

調　音 チョウ／訓 しらべる（ととのう）（ととのえる）　15画　使い方 調味料　調べ物

整　音 セイ／訓 ととのえる ととのう　16画　使い方 整理　整列

使　音 シ／訓 つかう　8画　ノ イ イ 仁 仁 仃 使 使　使い方 天使　魔法使い

このページの答えは⑱の答えをしっかりあわせよう！

3 □にあてはまる漢字を書きましょう。

① 弟の遊びの　おい　てに　□　なる。

② 母と先生が　□□　あんだん　する。

③ 色紙を　□　つか　ってかざりを作る。

④ 身なりを　□　ととの　える。

⑤ 図かんで動物の名前を　□　しら　べる。

2 ──線の漢字の読みがなを書きましょう。

① 相談（　　　）

② 調味料★（　　　）

③ 整理（　　　）

④ 天使（　　　）

★調味料…おしょうゆ、塩、お油など。

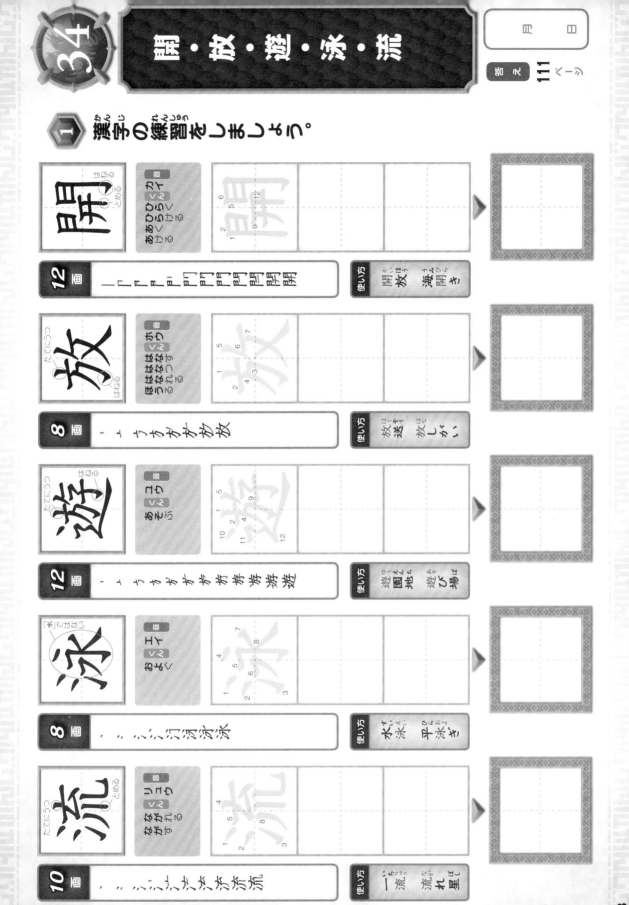

開・放・遊・泳・流

答え 111 ページ

月　日

① 漢字の練習をしましょう。

字	音・訓	書き順	使い方
開 たてかく はらう とめる	音 カイ 訓 ひらく あく あける ひらける あける	1 2 6 9 12	開放 送り 海開き
12画	一 厂 厂 厚 戸 門 門 門 門 門 開 開		
放 たてかく はねる	音 ホウ 訓 はなす はなつ はなれる ほうる	1 3 4 5 6 7	放送 放し飼い
8画	一 亠 方 方 扩 扩 放		
遊 たてかく はねる	音 ユウ 訓 あそぶ	1 2 3 4 5 9 10 11 12	遊園地 遊び場
12画	一 亠 方 扩 扩 炸 游 游 游 遊		
泳 「水」にはねる	音 エイ 訓 およぐ	1 2 3 4 5 7	水泳 平泳ぎ
8画	丶 丶 氵 氵 泃 泳 泳 泳		
流 たてかく とめる	音 リュウ ル 訓 ながれる ながす	1 2 3 4 8	一流 流れ星
10画	丶 丶 氵 沪 泞 浐 浐 浐 浐 流		

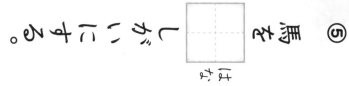
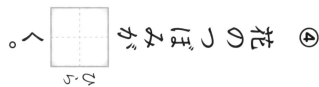

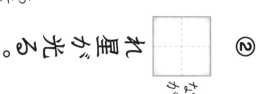

ひらめきのコツ

コガルラはいつもむれをつくってくらす。ガルラはつよいからだをもつが、みなりをあびるとやがて後の色にかわり野原になる。

こたえ合わせは③④ページをしよう!

③ □にあてはまる漢字を書きましょう。

① 友達とプールで□ぐ。（およ）

② □れ星が光る。（なが）

③ 妹がすな場で□ぶ。（あそ）

④ 花のつぼみが□く。（ひら）

⑤ 馬を□し野らにする。（はな）

ていねいに書こう。

② ──線の漢字の読みがなを書きましょう。

① 開放 （　　　）

② 遊園地 （　　　）

③ 水泳 （　　　）

④ 一流 （　　　）

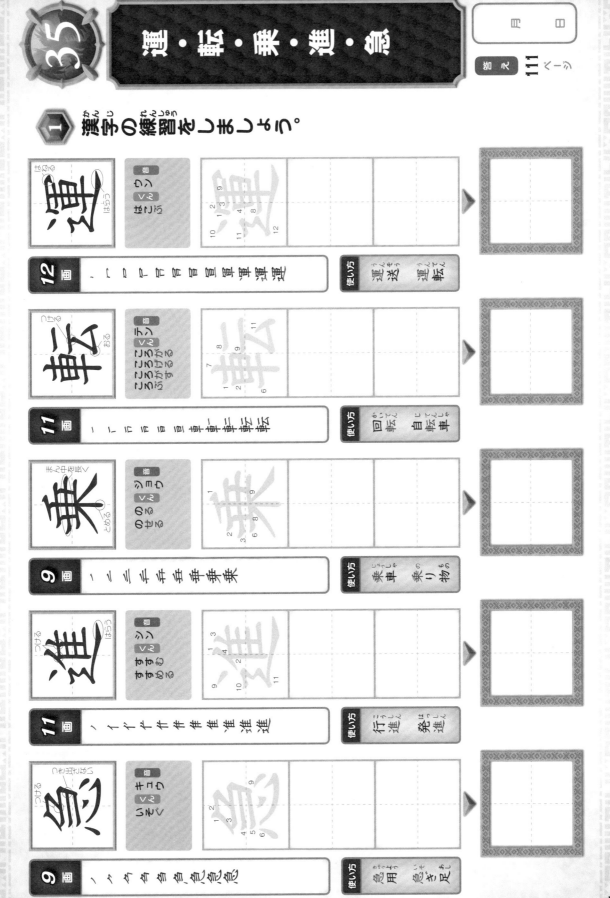

3 □にあてはまる漢字を書きましょう。

① □（に）足で歩く。

② □から□車に□る。

③ 一歩前へ□（す）む。

④ 大きなボールを□（はこ）ぶ。

⑤ □へ□くことを□じる。

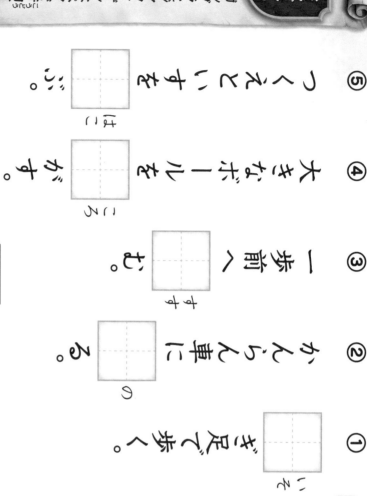

がんばっているね！

2 ――線の漢字の読みがなを書きましょう。

③ 発進 （　　　　）　① 運転 （　　　　）

④ 急用 （　　　　）　② 乗車 （　　　　）

1 ——線の漢字の読みがなを書きましょう。

① 委員が決まる。（　　　　）

② 楽しい出来事。（　　　　）

③ 電車を待つ。（　　　　）

④ はしを上手に使う。（　　　　）

2 ——線の漢字の読みがなを書きましょう。

①
- ぼくが苦しい。（　　　　）
- 苦手な教科。（　　　　）
- 工作に苦心する。（　　　　）

②
- 本の表紙。（　　　　）
- コインの表とうら。（　　　　）
- よろこびを表す。（　　　　）

★苦心…いろいろと考えくるしむこと。

カルタあそびは、まず、ふだを広げて、読み手が読みあげた後、読まれたふだをとる。

答え合わせをしたら、㊱ページのシールをはろう！

④ ──線の言葉を、漢字と送りがなで（　）に書きましょう。

② 景色がうつくしい。 （　　　　　）

① こうえんのベンチにすわる。 （　　　　　）

③ □にあてはまる漢字を書きましょう。

① □□らん船が湖をすすむ。

② 洋服の□□を□□する。

③ □□□にのる。

④ □□□に森。

88

37

追・向・返・送・登

答え 111ページ

① 漢字の練習をしましょう。

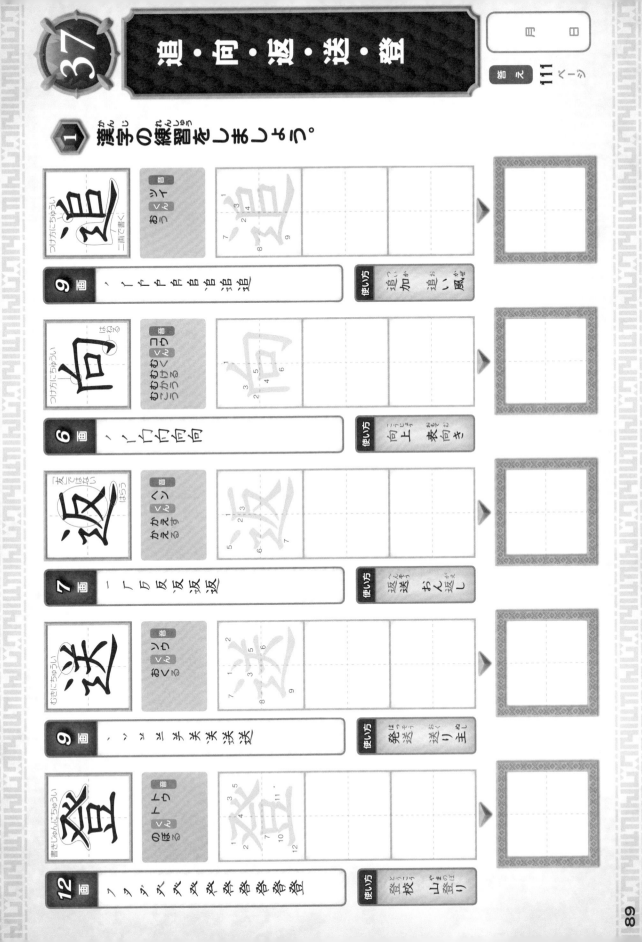

追
二画めに注意
三画で書く
音 ツイ
おう
9画 ′ ′ ′ ′ ′ ′ ′ ′ 追
使い方 追加　追い風

向
三画めに注意
はねる
音 コウ
むかう　むく　むこう　むける
6画 ′ ′ ′ ′ 向 向
使い方 向上　表向き

返
「友」ではない
はらう
音 ヘン
かえる　かえす
7画 ー ′ ′ 反 ′ 返 返
使い方 返送　お返し

送
むすびに注意
音 ソウ
おくる
9画 ′ ′ ′ ′ ′ 送 送 送
使い方 発送　送り主

登
書きじゅんに注意
音 トウ　ト
のぼる
12画 ′ ′ ′ ′ ′ ′ ′ 容 容 容 登
使い方 登校　山登り

ジャンケンしてはっぱをたくさん集めた海のカニ。ジャンケンに負けたはっぱは、地上に出ていく。

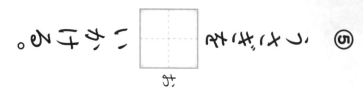

3 □にあてはまる漢字を書きましょう。

① ○○じに ほ□る。

② ○○○に手紙を お□る。

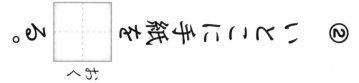

③ かりていた本を図書(としょ)館(かん)に かえ□す。

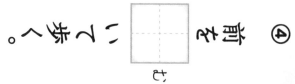

④ 前を む□いて歩く。

⑤ ○ギ○を お□かける。

2 ──線の漢字の読みがなを書きましょう。

① 追(か)加 　（　　　　　）
　★追加…つけくわえること。

② 向上 　（　　　　　）
　★向上…よいほうにすすむこと。

③ 返(そう)送 　（　　　　　）
　★返送…おくりかえすこと。

④ 登校 　（　　　　　）

38

球・打・投・拾・持

答え 111 ページ

1 漢字の練習をしましょう。

球

むきにちゅうい

右上にはらう

音 キュウ
くん たま

11画

一 T F ま 子 打 対 対 球 球 球

使い方 野球 球拾い

打

はねる

右上にはらう

音 ダ
くん うつ

5画

一 t 才 打 打

使い方 打球 打ち身

投

少しはねる
はねる

音 トウ
くん なげる

7画

一 t 才 打 投 投

使い方 投入 やり投げ

拾

つきぬけない

はねる

音 (シュウ)（ジュウ）
くん ひろう

9画

一 t 才 ヤ 扒 扒 拾 拾 拾

使い方 拾い物 命拾い

持

はねる

右上にはらう

音 ジ
くん もつ

9画

一 t 才 ヰ 拝 拝 持 持 持

使い方 所持金 持ち物

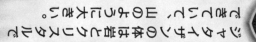

ジャイアンツの体は普段とはちがって、とても大きいでしょう。そのような体にもどるためには……

こたえあわせをしたら⑧ページのシールをはろう！

③ □ にあてはまる漢字を書きましょう。

① ごみを □ う。

② 転んでひざを □ つ。

きれいに書けたね！

③ かばんを □ めて出かける。

④ ボールを □ げる。

⑤ ドッジボールの □ をかたづける。

② ──線の漢字の読みがなを書きましょう。

③ 拾い物
★拾い…ひろうこと。
（　　　　）

④ 所持金
★所持…もっていること。
（　　　　）

① 打球
★打球…野球などの、打ったたま。
（　　　　）

② 投入
★投入…なげいれること。
（　　　　）

39

受・取・落・守・助

答え 111ページ

① 漢字の練習をしましょう。

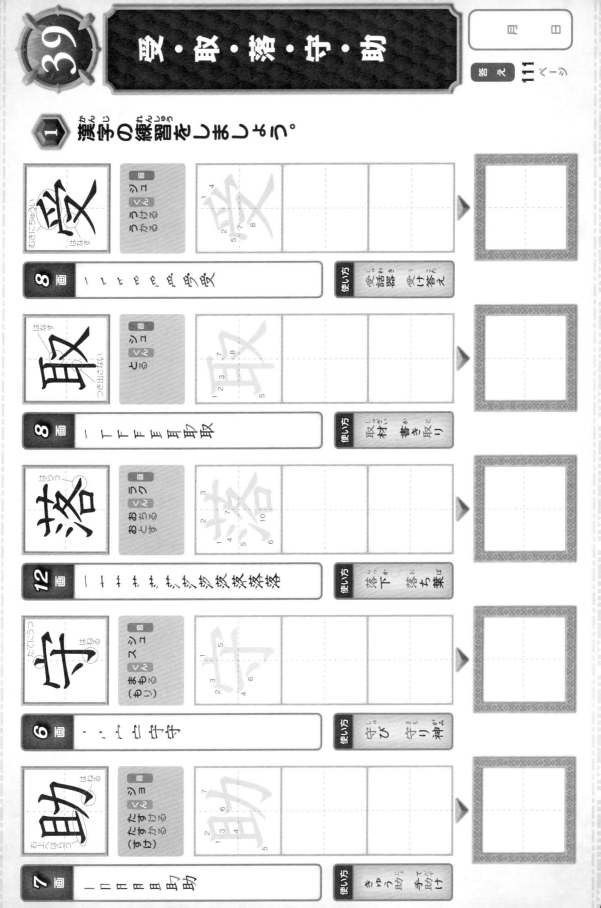

受
むさだちゅうい
はねる

音 ジュ
訓 うける

8画 ｜ ｌ ⺊ ⺊ ⺊ 承 受 受

使い方 受話器　受け答え

取
はねる
つき出さない

音 シュ
訓 とる

8画 ｜ Ｔ Ｆ Ｆ 耳 取 取

使い方 取材　書き取り

落
せばめ
おおちる
おおとす

音 ラク
訓 おちる　おとす

12画 ｜ ｜ ⺊ ⺊ ⺊ ⺊ 菠 菠 莈 落 落

使い方 落ち下　落ち葉

守
たてにこう
はねる

音 シュ　ス
訓 まもる　（もり）

6画 ｀ ｀ ｀ ⺌ 守 守

使い方 守び　守り神

助
はねる
右くせつに

音 ジョ
訓 たすける　たすかる　（すけ）

7画 ｜ Ⲧ Ⲧ 月 目 助 助

使い方 きゅう助　手助け

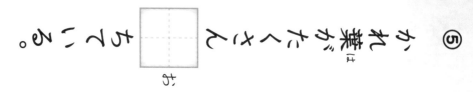

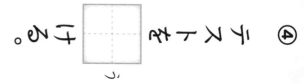

ジャンプの㉟の
たしかめを
かくにんを
しよう！

---

③ □にあてはまる漢字を書きましょう。

① いつも□っている友達（ともだち）を□ける（たす）。

② 庭（にわ）のざっ草を□る（と）。

③ 先生のよそうへ□を□る（き）。

④ テストを□ける（う）。

⑤ かれ葉（は）がたくさん□ちる（お）。

---

② ──線の漢字の読みがなを書きましょう。

③ 守（　　　　）
★守…まもること。

① 受話器（　　　　）
★受話器…電話の、耳にあてて話したり聞いたりする部品。

④ きゅう助（　　　　）

② 落下（　　　　）

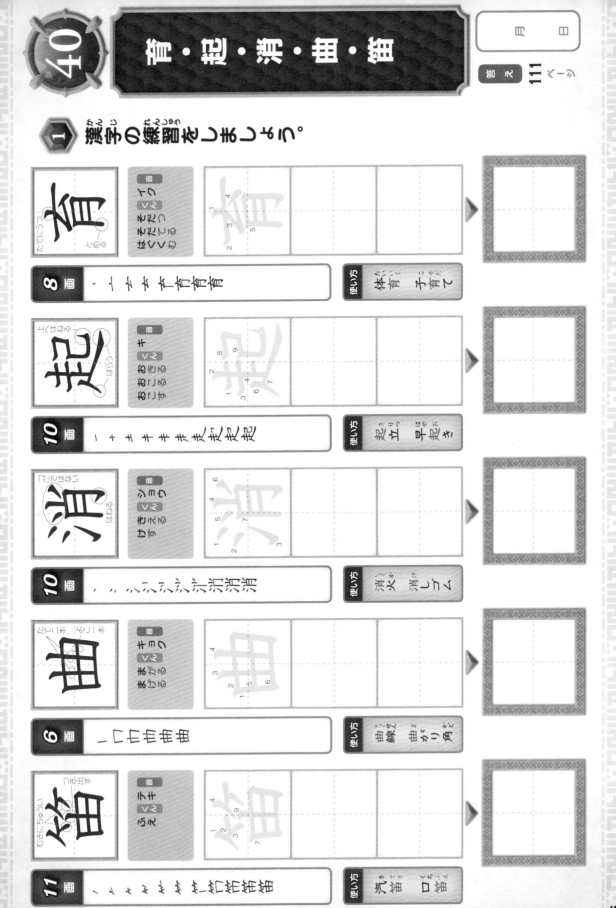

40

育・起・消・曲・笛

答え 111ページ

① 漢字の練習をしましょう。

育
たてこう／とめる
音 イク
訓 そだつ／そだてる／はぐくむ
8画 　一　一　十　云　产　育　育　育
使い方　体育　子育て

起
上につき出る／はらう
音 キ
訓 おきる／おこる／おこす
10画　一　十　丰　丰　丰　走　走　起　起　起
使い方　起立　早起き

消
はねる
音 ショウ
訓 けす／きえる
10画　丶　丷　氵　氵　沪　沪　消　消　消　消
使い方　消火　消しゴム

曲
左は一本／右は一本
音 キョク
訓 まがる／まげる
6画　一　冂　曱　曲　曲　曲
使い方　曲線　曲がり角

笛
音 テキ
訓 ふえ
11画　丿　丿　ケ　ケ　竹　竹　竹　竿　笁　笛　笛
使い方　汽笛　口笛

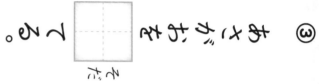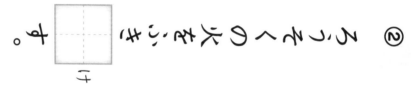

3 □ にあてはまる漢字を書きましょう。

① 右に □（まが）ると、公園がある。

② ろうそくの火を □（け）す。

③ あさがおを □（そだ）てる。

④ □（はや）く □（お）きして読書をする。

⑤ □（へや）から □（こえ）が聞こえる。

2 ——線の漢字の読みがなを書きましょう。

① 体育 （　　　　）

② 起立 （　　　　）

③ 消火 （　　　　）

④ 曲線 （　　　　）

★曲線…まがっている線。

96

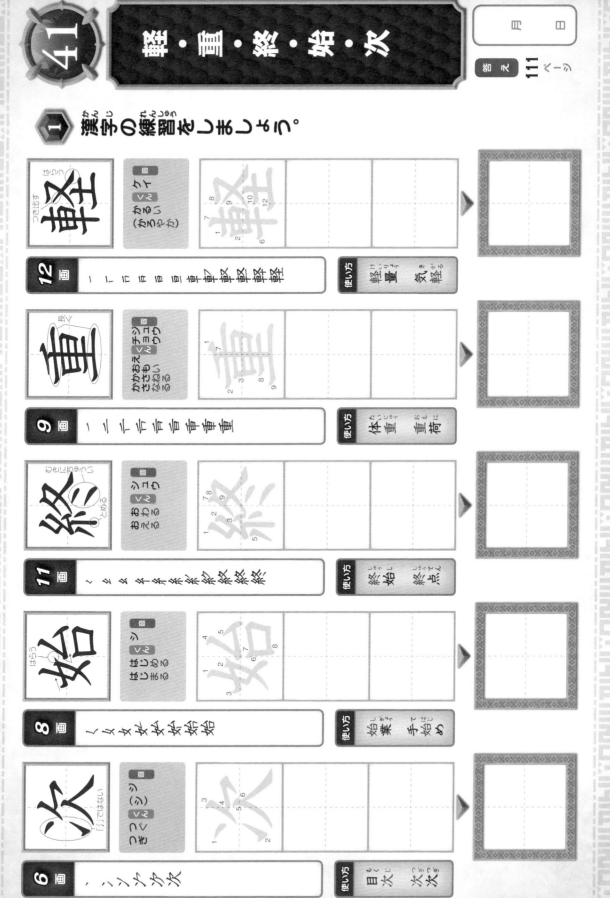

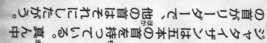

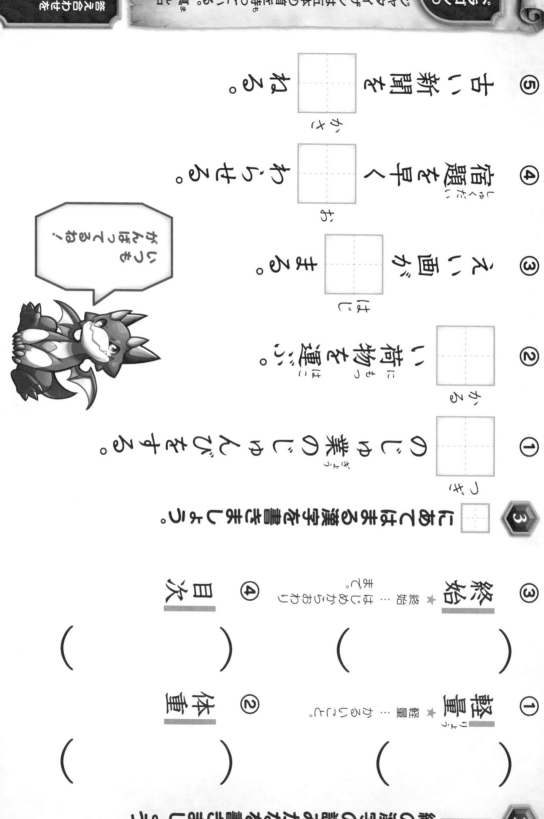

3 □にあてはまる漢字を書きましょう。

① □のじゅぎょうのじゅんびをする。

② □に荷物を運ぶ。

③ え□画がはじまる。

④ 宿題を早く□わらせる。

⑤ 古い新聞を□ねる。

がんばってるね！

2 ——線の漢字の読みがなを書きましょう。

① 軽量（　　　　　）　　② 体重（　　　　　）
★軽量…かるくてちいさい。

③ 終始（　　　　　）　　④ 目次（　　　　　）
★終始…はじめからおわりまで。

勝・負・集・配・着

答え 112ページ

月　日

❶ 漢字の練習をしましょう。

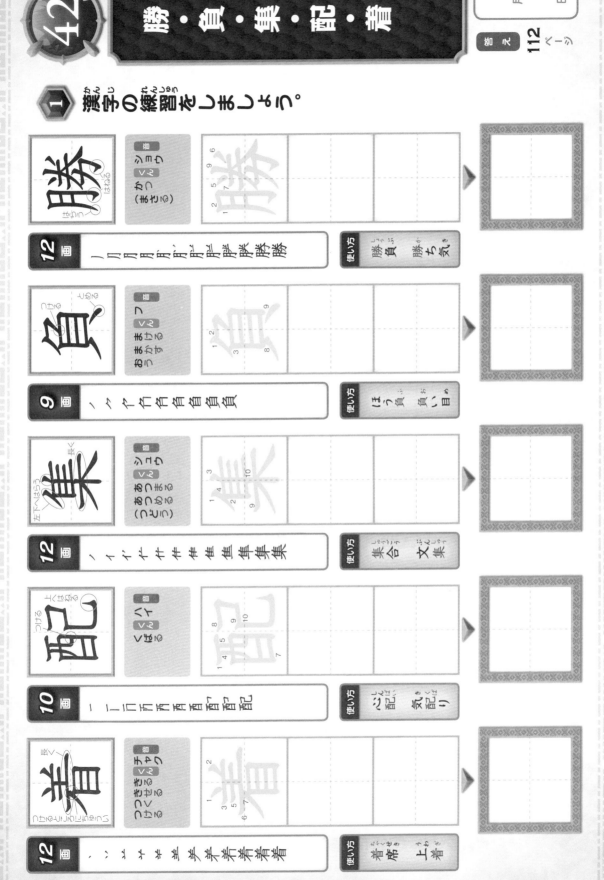

勝
はねる
とめる
はらう

音 ショウ
訓 かつ
（まさる）

12画　丿 刀 月 月 月` 月゛ 胖 胖 勝 勝

使い方　勝負　勝ち気

負
こする
とめる

音 フ
訓 まける
おう
まかす

9画　丿 ク 内 内 角 角 角 負 負

使い方　ほう負　負い目

集
長く
左下へはらう

音 シュウ
訓 あつまる
あつめる
（つどう）

12画　丿 亻 亻 仁 什 什 隹 隹 隹 集 集 集

使い方　集合　文集

配
上にはねる
つける

音 ハイ
訓 くばる

10画　一 二 т 兀 兀 西 酉 酉 酉` 配

使い方　心配り　気配り

着
長く
つきでる

音 チャク
訓 きる
きせる
つく
つける

12画　丶 丷 ソ 千 羊 差 并 着 着 着 着 着

使い方　着席　上着

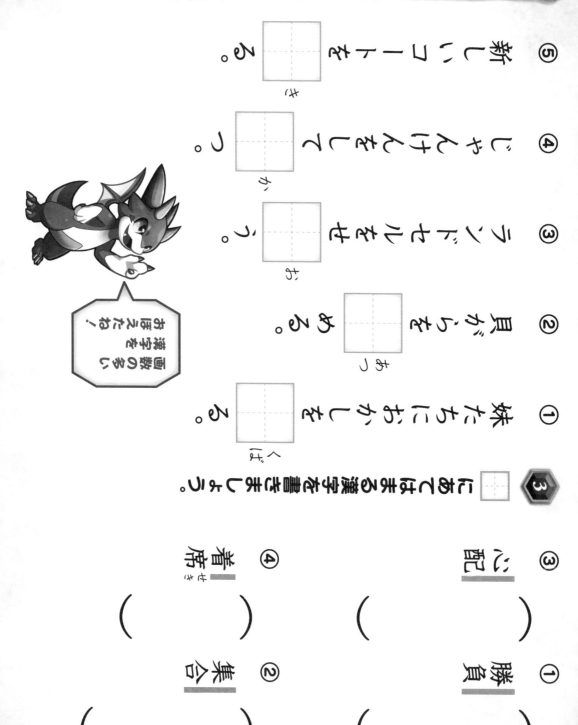

③ □にあてはまる漢字を書きましょう。

① 妹たちにおかしを□（へ）る。

② 貝がらを□（あつ）める。

③ ランドセルを□（お）う。

④ じゃんけんをして□（か）つ。

⑤ 新しいコートを□（き）る。

お習字の画数の多い字をおぼえたね！

② ――線の漢字の読みがなを書きましょう。

① 勝負 （　　　　）

② 集合 （　　　　）

③ 心配 （　　　　）

④ 着席 （　　　　）

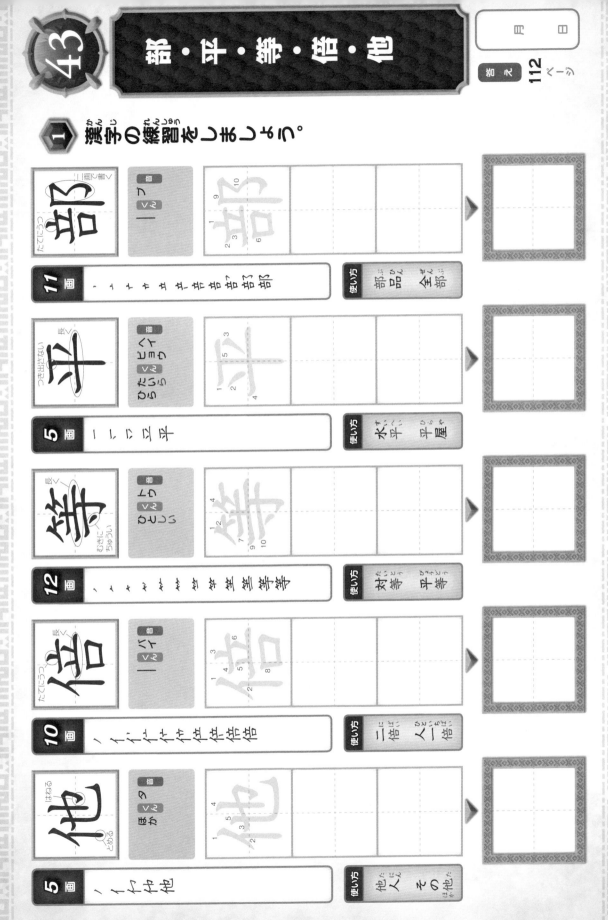

43 部・平・等・倍・他

月　日

答え 112ページ

① 漢字の練習をしましょう。

部（ブ）（11画）
部品　全部

平（ヘイ・ビョウ／たいら・ひら）（5画）
水平　平屋

等（トウ／ひとしい）（12画）
対等　平等

倍（バイ）（10画）
二倍　人一倍

他（タ／ほか）（5画）
他人　その他

イサリュウの
うろこは全身を
よろいのように
守ってくれる。
ただしコウラが
じゃまでたたかい
はにがてだから。

こたえ合わせを
したら⑱の
シールをはろう！

③ □にあてはまる漢字を書きましょう。

① □□を組み立てる。
（ぶ・ひん）

② □のひとの意見を聞く。
（ほか）

③ ピザを□つに切り分ける。
（ひと）

④ 地面を□らにする。
（たい）

⑤ □□□勉強する。
（ひ・と・り・は・い）

がんばれ！
あと少し！

② ──線の漢字の読みがなを書きましょう。

① 全部（　　　　　）

② 平等（　　　　　）

③ 二倍（　　　　　）

④ 他人（　　　　　）

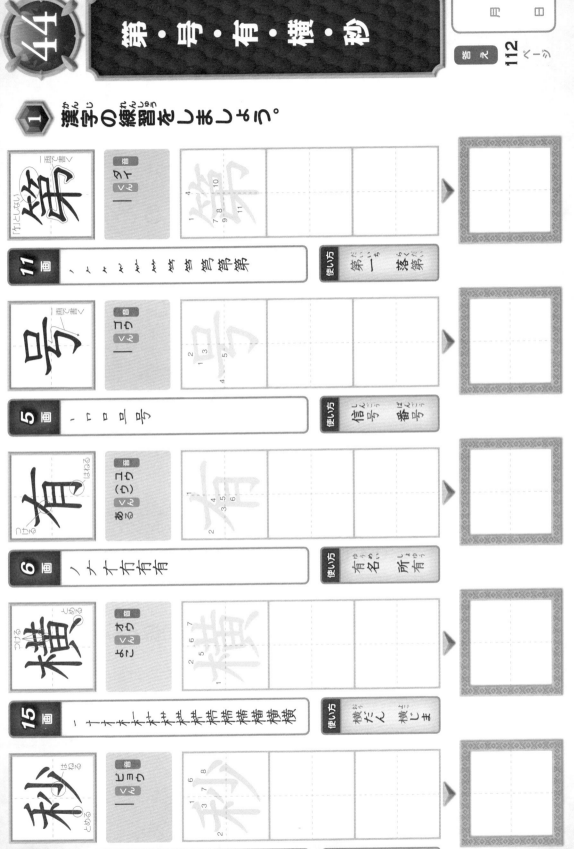

第 11画
、ヽ´ ヽ´´ ゛´´ ´´´ ヽ´ 笁 竺 竺 第 第
使い方 第一（だいいち）　落第（らくだい）

号 5画
丶 口 口 号 号
使い方 信号（しんごう）　番号（ばんごう）

有 6画
ノ ナ オ 右 有 有
使い方 有名（ゆうめい）　所有（しょゆう）

横 15画
一 十 オ 木 木一 木十 木扩 桟 桟 桟 横 横 横 横 横
使い方 横だん（おうだん）　横じま（よこじま）

秒 9画
丶 二 干 千 禾 利 利 秒 秒
使い方 秒しん（びょうしん）　十秒（じゅうびょう）

103

ドラゴンのひみつ

ドラゴンには、かえんをはくドラゴン族、空をとぶドラゴン族、水からうまれたドラゴン族、いろいろな族がいる。

おぼえた漢字④のシールをはろう！

---

③ □にあてはまる漢字を書きましょう。

① □□試合に出場する。

② □のあいさつ。

③ 信□が青にかわる。

④ かばんの中にノートが□る。

⑤ □□数える。

---

② ——線の漢字の読みがなを書きましょう。

① 番号 （　　　　）

② 有名 （　　　　）

③ 横断歩道 （　　　　）

④ 秒しん ★ （　　　　）

★秒しん…時計の秒を指す針。びょうの目もりを指す針。

答え 112ページ

1 ——線の漢字の読みがなを書きましょう。

（　　　　　　　　）　　　　　　（　　　　　　　　）

① 軽く体そうする。　　② 気持ちが落ち着く。

（　　　　　　　　）　　　　　　（　　　　　　　　）

③ 横笛をふく。　　　　④ はり金を曲げる。

2 ——線の漢字の読みがなを書きましょう。

（　　　　　　　　）

① 交通安全のお守り。

（　　　　　　　　）

　 る守番をする。

（　　　　　　　　）

　いうけきと守び。

（　　　　　　　　）

② 登山をする。

（　　　　　　　　）

　木に登る。

（　　　　　　　　）

　主人公が登場する。

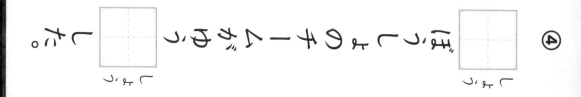

④ ── 線の言葉を、漢字と送りがなで（　）に書きましょう。

① ゲームで兄を<u>まか</u>す。（　　　　　）

② テープを<u>ひっぱっ</u>て長さに切る。（　　　　　）

---

③ □にあてはまる同じ読みの□の漢字を書きましょう。

① 再□（さ）することを□（き）待する。

★再び…ふたたび立ち直ること。

② バスの□（しゅう）点に□（しゅう）合する。

③ 問□（だい）を一□（だい）問かいとく。

④ □（ほ）□（しょう）チームのゆうしょう□（しょう）した。

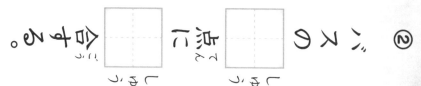

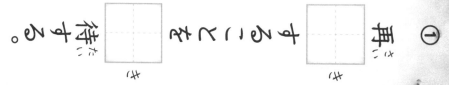

答え

おうちの方へ

まちがえた問題は、見直しをして
しっかり理解させましょう。

1 丁・区・県・都・州　15〜16ページ

2 ①ちょう ②ちく
③とどう（ふ）けん
④ほんしゅう

3 ①九州 ②県内 ③都合
④丁目 ⑤区分

2 列・島・世・界・央　17〜18ページ

2 ①れっとう ②せい
③せかい ④ちゅうおう

3 ①列車 ②世 ③小島
④界 ⑤中央

アドバイス 2 ②・③「世」の読み方「セイ・セ」に注意させましょう。

3 病・院・薬・局・医　19〜20ページ

2 ①びょうき ②じいん
③やっきょく ④いがく

3 ①医（者） ②病院 ③薬
④局 ⑤病

4 死・去・命・身・息　21〜22ページ

2 ①しきょ ②めい
③じしん ④きゅうそく

3 ①息 ②死 ③去 ④命 ⑤身近

5 鼻・血・指・皮・歯　23〜24ページ

2 ①はなぢ ②し ③び ④しか

3 ①指 ②歯 ③血 ④鼻歌 ⑤皮

6 根・葉・実・緑・銀　25〜26ページ

2 ①だいこん ②りょくちゃ
③じつ ④ぎんこう

3 ①緑色 ②実 ③銀紙
④葉 ⑤（屋）根

7 鉄・炭・波・湯・氷　27〜28ページ

2 ①たん ②でんぱ ③とう
④ひょうざん

3 ①鉄 ②氷 ③炭火
④湯気 ⑤波間

8 温・度・暑・寒・陽　29〜30ページ

2 ①おんど ②しょ
③かんき（さむけ）
④たいよう

3 ①何度 ②暑 ③温
④陽気 ⑤寒空

アドバイス 2 ③「寒気」は「かんき」と読むと寒いこと。「さむけ」と読むと寒さを感じることです。

34 開・放・遊・泳・流　83〜84ページ

② ①かいほう ②ゆうえんち
　③すいえい ④いちりゅう

③ ①泳 ②流 ③遊 ④開 ⑤放

---

35 運・転・乗・進・急　85〜86ページ

② ①うんてん ②じょうしゃ
　③はっしん ④きゅうよう

③ ①急 ②乗 ③進 ④転 ⑤運

アドバイス ③ ③「進」と⑤「運」の部首「辶」は、三画で書きます。

---

36 漢字のふく習④　87〜88ページ

① ①き ②てきど ③ま ④つか

② ①くる・にが・くん
　②ひょうし・おもて・あらわ

③ ①遊・進 ②流行・予想
　③自転車・乗 ④暗・深

④ ①整える ②美しい

アドバイス ④ ②「美しい」の送りがなを「美くしい」などとしないように注意させましょう。

---

37 追・向・返・送・登　89〜90ページ

② ①こ ②こうじょう
　③へんそう ④とうこう

③ ①登 ②送 ③返 ④向 ⑤追

---

38 球・打・投・拾・持　91〜92ページ

② ①だきゅう ②とうにゅう
　③ひろ ④しょじきん

③ ①拾 ②打 ③持 ④投
　⑤球

---

39 受・取・落・守・助　93〜94ページ

② ①じゅわ ②らっか
　③しゅ ④じょ

③ ①助 ②取 ③守 ④受
　⑤落

---

40 育・起・消・曲・笛　95〜96ページ

② ①たいいく ②きりつ
　③しょうか ④きてき

③ ①曲 ②消 ③育 ④早起
　⑤口笛

---

41 軽・重・終・始・次　97〜98ページ

② ①けい ②たいじゅう
　③しゅうし ④もくじ

③ ①次 ②軽 ③始 ④終
　⑤重

アドバイス ② ②「重」を使った熟語には、他に「尊重（そんちょう）」「三重県（みえけん）」「重荷（おもに）」などがあります。正しく読み分けできるようにさせましょう。

アドバイス
③漢字の意味をよく考えて、同音異字の問題で、書かせましょう。

45 漢字のふく習⑤ 105〜106ページ

④
①顕かす ③第期 ②消集 ④終集
③
①起 ②第・期 ③顕・終 ④消・集
②
①とも ②ほす ③とも ④まる
①
①ともえ ②きもち ③こたえ

44 第・号・有・横・秒 103〜104ページ

③
①第一 ②横 ③号 ④有
⑤十秒
②
①だい ②おび ③よこ ④ゆう ⑤びょう

43 部・平・等・倍・他 101〜102ページ

③
①部品 ②他 ③等 ④平
⑤一倍 ⑤人
②
①せん ②にぶ ③せん ④にとう ⑤ひと

42 勝・負・集・配・着 99〜100ページ

③
①配 ②集 ③負 ④勝 ⑤着
②
①しょう ②しゅう ③まけ ④はい ⑤ちゃく

パズル ドラゴンのパズル 51〜52ページ

②
路 橋 味 豆 死 発 所 印
ゴール スタート

①
飲 身 館 庫
湖 院 神

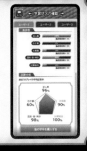

2024年春（予定）第1巻発売！

シリーズ累計60万部突破！

大人気

ドラゴンドリル から

ストーリーが誕生！

ドリルに登場するドラゴンが大活躍する物語！
ドラゴンドリルが好きな子は、夢中になることまちがいなし！

はるか昔、人間とドラゴンが共に生きていた時代。

ドラゴンと出会い、戦い、絆を結ぶ。

キミとボクの大冒険。

最新情報はコチラ！

ビジュアルは制作中のものです。実際の商品とは異なる場合がございます。